U0926764

本书是国家社科基金项目“打击网络犯罪国际刑事司法协助的理论与实践研究”（批准号：19BFX073）成果

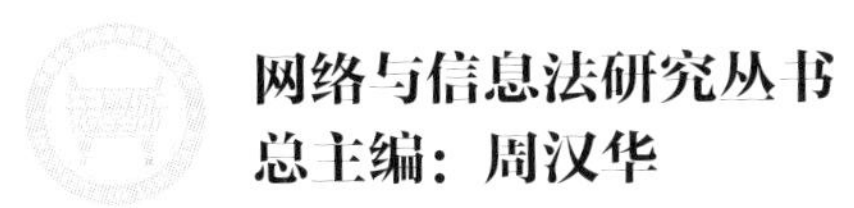

网络与信息法研究丛书

总主编：周汉华

网络服务提供者刑事责任

理论与实践

刘灿华　主编

中国社会科学出版社

图书在版编目（CIP）数据

网络服务提供者刑事责任：理论与实践 / 刘灿华主编. —北京：中国社会科学出版社，2020. 10

ISBN 978 - 7 - 5203 - 7472 - 9

Ⅰ. ①网… Ⅱ. ①刘… Ⅲ. ①互联网服务提供商—刑事责任—研究—中国 Ⅳ. ①D922. 291. 914

中国版本图书馆 CIP 数据核字（2020）第 221768 号

出 版 人 赵剑英
责任编辑 许 琳
责任校对 鲁 明
责任印制 郝美娜

出 版 中国社会科学出版社
社 址 北京鼓楼西大街甲 158 号
邮 编 100720
网 址 http://www.csspw.cn
发 行 部 010 - 84083685
门 市 部 010 - 84029450
经 销 新华书店及其他书店

印 刷 北京君升印刷有限公司
装 订 廊坊市广阳区广增装订厂
版 次 2020 年 10 月第 1 版
印 次 2020 年 10 月第 1 次印刷

开 本 710 × 1000 1/16
印 张 10. 75
字 数 150 千字
定 价 68. 00 元

凡购买中国社会科学出版社图书，如有质量问题请与本社营销中心联系调换
电话：010 - 84083683

《网络与信息法研究丛书》

编　委　会

目 录

绪　论

2015年8月19日，第十二届全国人民代表大会常务委员会第十六次会议通过了《中华人民共和国刑法修正案（九）》，［以下简称《刑法修正案（九）》］，对刑法做了较大幅度的修改。为维护信息网络安全，《刑法修正案（九）》完善了惩处网络犯罪的法律规定，增加了若干个网络犯罪罪名。其中新增加的“拒不履行信息网络安全管理义务罪”（《刑法》第286条之一）引发了学术界与实务界比较广泛的关注。根据刑法第286条之一的规定，网络服务提供者不履行法律、行政法规规定的信息网络安全管理义务，经监管部门责令采取改正措施而拒不改正，有下列情形之一的，处三年以下有期徒刑、拘役或者管制，并处或者单处罚金：（1）致使违法信息大量传播的；（2）致使用户信息泄露，造成严重后果的；（3）致使刑事案件证据灭失，情节严重的；（4）有其他严重情节的。

拒不履行信息网络安全管理义务罪仅是网络服务提供者可能需要承担刑事责任的罪名之一，但是由于第286条之一直接、明确地将“网络服务提供者”作为“犯罪主体”，因此引发了实务界的关注。因为有了“快播”案的前车之鉴，一些网络平台担忧该罪名的存在将使它们更容易地落入刑法的处罚范围，并对其业务产生毁灭性的打击。但自《刑法修正案（九）》施行以来，“拒不履行信息网络安全管理义务罪”的适用率非常低，几乎成为僵尸条款，由此也引发了司法部门关于“激活”该罪名的冲动。2019 年 10 月 21 日，最高人民法院、最高人民检察院公布了《关于办理非法利用信息网络、帮助信息网络犯罪活动等刑事案件适用法律若干问题的解释》（以下简称《信息网络犯罪 2019 年司法解释》），对如何适用“拒不履行信息网络安全管理义务罪”作出了规定，但其效果如何仍需要进一步观察。

除了“拒不履行信息网络安全管理义务罪”的解释与适用等问题之外，学术界与实务界更关注的问题可能是：如何合理地界定网络服务经营者，尤其是网络平台的刑事责任？随着信息技术的快速发展，数字经济已经成为社会发展的重要引擎。无论是信息技术的创新，还是数字经济的发展，网络平台企业都发挥着重要作用。从“网络空间综合治理”的角度而言，网络平台无疑已经成为网络治理的重要力量，但关于如何具体、科学地界定网络平台的法律责任，目前并没有达成共识。在民事法律领域，对于平台适用的“避风港原则”是网络产业发展的最重要原则，既不能简单套用过错责任原则分析它，更不能适用无过错责任原则，这其中就隐含传统民法观念与网络时代新观念的冲突。① 在刑事法律领域，我们同样需要思考的是，是否能继续用传统的归责思维、归责规则去评价网络服务经营者实施的危害行为以及在网络平台上发生的危害行为？或者说，网络违法危害行为的新形态，对于刑法理论的发展而言是否具有实质意义？对此，我们应当在坚持罪刑法定原则、罪责原则等基本法治原则的前提下保持开放的态度。

---

① 周汉华：《习近平互联网法治思想研究》，《中国法学》2017 年第 3 期。

第一章　网络服务提供者的刑事责任模式

网络服务提供者（internet service provider），从广义的角度，指通过信息网络为获取信息等目的提供服务或者为公众提供信息的单位或个人①。网络服务提供者的外延较广，包括通过提供服务从而保证网络空间得以正常运行的一切机构与个人。信息网络是一个整体，由诸多不同的功能单位组成，不可或缺。根据各提供者功能的不同，可以将网络服务提供者分为网络接入服务提供者、网络平台服务提供者、缓存服务提供者、网络内容服务提供者、访问软件提供者等。在刑事法领域，立法上虽然没有明确网络服务提供者的内涵和具体种类，但是考察我国刑法的实体法规定，对于自行在网络空间生成、上传信息的网络内容提供者，刑法配置了独立的刑事责任条款，因而不属于网络服务提供者。

网络服务提供者作为互联网世界不可忽视的角色之一，在保护互联网安全、引导社会舆论、遏制网络新型犯罪、保护人格与隐私等方

① 张新宝：《互联网上的侵权问题研究》，中国人民大学出版社 2003 年版，第 32 页。

面发挥着重要作用。① 同时，网络也不是违反犯罪行为的法外之地，强化网络服务提供者的刑事法义务，从而实现公民言论自由、网络技术进步等之间的利益平衡②，成为世界范围内的趋势。在此背景下，我国《刑法修正案（九)》通过了两条有关网络服务提供者的刑事责任条款，初步形成了我国网络服务提供者的刑事责任体系。但是，立法设立的刑事责任模式之间的关系，尚有界限不清、关系不明之处，有待加以厘清。

一 网络服务提供者的刑事责任模式

（一）共犯责任

在《刑法修正案（九)》颁行之前，我国以司法解释的方式明确了网络服务提供者的共犯责任。如最高人民法院、最高人民检察院、公安部 2011 年印发的《关于办理侵犯知识产权刑事案件适用法律若干问题的意见》，其中第 15 条规定，关于为他人实施侵犯知识产权犯罪提供原材料、机械设备等行为的定性问题，明知他人实施侵犯知识产权犯罪，……而为其提供互联网接入、服务器托管、网络存储空间、通讯传输通道、代收费、费用结算等服务的，以侵犯知识产权犯罪的共犯论处。此外，2005 年发布的《关于办理赌博刑事案件具体应用法律若干问题的解释》第 4 条规定；2010 年两高颁布的《关于办理利用互联网、移动通讯终端、声讯台制作、复制、出版、贩卖、传播淫秽电子信息刑事案件具体应用法律若干问题的解释（二)》(以

---

① P. Zwanenberg &E. Millstone, BSE: *Risk, Science, and Governance*, Oxford: Oxford University Press, 2005, p. 236.

② Alfred C. Yen, "Internet Service Provider Liability for Subscriber Copyright Infringement, Enterprise Liability, and the First Amendment", *The Georgetown Law Journal*, Vol. 88.

下简称“淫秽信息案件解释二”）第6条等，都规定了网络服务提供者共犯责任。实际上，此类条款在理论上并没有脱离既有的刑法理论框架，并没有赋予网络服务提供者新的法律义务和刑事责任，只是司法解释对刑法既有之义的再宣示。共犯责任为网络服务提供者的既有责任模式，在《刑法修正案（九）》中通过之后，是否就完全排除了共犯责任的适用空间和余地、其与其他刑事责任模式之间关系如何？犹有疑问。

（二）帮助行为正犯化责任

2015年通过的《刑法修正案（九）》将散见于司法解释中的网络服务提供者的犯罪帮助行为统一纳入刑法条文中，通过立法实现法律化。《刑法修正案（九）》第29条第2款规定，“明知他人利用信息网络实施犯罪，为其犯罪提供互联网接入、服务器托管、网络存储、通讯传输等技术支持，或者提供广告推广、支付结算等帮助，情节严重的，处三年以下有期徒刑或者拘役，并处或者单处罚金。可见，该规定将网络空间中危害严重的帮助行为通过“共犯行为的正犯化”方式，将其设定为独立的新罪名，使帮助行为摆脱对于被帮助者所实施犯罪的依附作用。”① 共犯的正犯化与近年来立法上一贯的法益保护前置的立法思路与趋势是契合的。

（三）拒不履行法定义务责任

对网络服务提供者而言，《刑法修正案（九）》真正特别之处在于专门就其不履行法定义务的行为设立了刑事罚则，开启了网络服务提供者刑事责任的新路径，也即是网络服务提供者不履行法定义务的刑事责任。《刑法修正案（九）》第28条规定：“网络服务提供者不履行法律、行政法规规定的信息网络安全管理义务，经监管部门责令采取改正措施而拒不改正，有下列情形之一的，处三年以下有期徒刑、拘役或者管制，并处或者单处罚金：（一）致使违法信息大量传

---

① 于志刚：《网络犯罪与中国刑法应对》，《中国社会科学》2010年第3期。

播的；（二）致使用户信息泄露，造成严重后果的；（三）致使刑事案件证据灭失，情节严重的；（四）有其他严重情节的。”《刑法修正案（九）》设立的网络服务提供者不履行法定义务的刑事责任条款，是针对网络服务提供者的独立的刑事责任，其理论基础与责任构成与传统的共犯责任大有区别，是立法上新的制度设计。

从国外的法律实践来看，通过共犯理论来追究网络服务提供者的刑事责任是较为普遍的做法。例如，有着美国网络服务提供者刑事责第一案之称的BuffNET案①，其理论依据即是共犯理论。处罚的基础在于网络服务提供者为第三方犯罪行为提供了手段、方法或者机会、场合，从而“帮助、协助”或者“促进”了违法犯罪活动。从而，检察官可以援引《美国法典》第18篇的内容来指控网站服务提供者的犯罪活动。② 甚至有学者认为，在帮助犯理论下，检察官可以引用《美国法典》第18篇任何章节的内容来指控网络服务提供者实施的相应刑事犯罪行为。③ 德国同样采用共犯理论追究网络服务提供者的帮助责任。其刑事责任是在分类的基础上，不同的网络服务提供者在不同的条件和范围下承担相应的刑责。以互联网接入服务提供者为例，根据德国《电讯媒体法》④ 第8段第1款第二句的明确规定，如果网络接入服务提供者故意与用户之间，或者网络服务提供者之间合作实施非法犯罪活动的，网络接入服务提供者的刑事责任豁免权丧失，网络接入服务提供者作为共同犯罪人承担相应刑事责任。⑤

---

① PEOPLE of the State of New York v. Buffnet. 272 A. D. 2d 982. 708 N. Y. S. 2d 227, 2000 N. Y. Slip Op. 04475.

② Shahrzad T. Radbod, “Craigslist - A Case for Criminal Liability for Online Service Providers”, *Berkeley Technology Law Journal*, 25, 2010, p. 613.

③ Ibid. p. 615.

④ Federal Telemedia Act (“TMG”).

⑤ Dr. Dieter Dörr & Steffen Janich, “The Criminal Responsibility of Internet Service Providers in Germany”, *Mississippi Law Journal*, 80, 2011, pp. 1247-1261.

事实上，虽然同样名为共犯责任，但是我国与国外在网络服务提供者在责任构成与范围上并不相同，明确国内外共犯责任的联系与区别，对于理解我国网络服务提供者的刑事责任模式与相互之间关系有所助益。具体而言，其区别如下：

（1）告知的必要性。美国对网络服务提供者采用的追责规则是“明知+通知+不予改正”规则。① 也即是说，要追究网络服务提供者的刑事责任，首先要求提供者知道犯罪行为的存在，在此基础上经权利人或有关部门告知之后而仍不加以改正的，才可以认定为犯罪。如在 BuffNET 一案中，BuffNET. com 是一个区域性的网络服务提供者，有用户通过 BuffNET 在网络成员之间传播、交换儿童色情材料。执法机构告知了 BuffNET 网络空间中存在违法犯罪内容，但是 BuffNET 作为网络服务提供者没有采取相应的阻止、改正措施。执法机构首先指控了发布违法信息的用户，并随后开始追究 BuffNET 在非法信息得以在网络传播中所起的作用。整个事情的结果是，以 BuffNET 认罪告终。② 在国内，依据相关的法律规定，追责规则是网络服务提供者只要“明知”他人实施犯罪行为，而提供帮助即可构成，无须具备经其他机构和权利人通知之后仍不改正的情形。根据“淫秽信息案件解释二”第 8 条规定，如网络服务提供者经“行政主管机关书面告知后仍然实施上述行为的”，可以认定行为人具有主观上的“明知”。因此，“告知、改正”不是我国网络服务提供者共犯责任的构成条件。

（2）“明知”的内涵。我国规定的网络服务提供者构成共犯的“明知”，要求行为人的明知是特定的、具体的明知，而不能是概括

① 刘文杰：《网络服务提供者的安全保障义务》，《中外法学》2012 年第 2 期。

② Lawrence G. Walters, “Shooting the Messenger: An Analysis of Theories of Criminal Liability Used Against Adult - Themed Online Service Providers”, *Stanford Law and Policy Review*, 171, 2012, p. 10.

的明知。所谓特定、具体的明知，指网络服务提供者对欲图利用网络服务实施犯罪行为的行为主体、行为性质都有认识，且该认识是确定的、具体的。网络服务提供者如仅仅知道网络上可能会有违法犯罪行为发生，但并不知道正犯的计划或用途，或者仅止于相当模糊的臆测，纵使网络服务提供者客观上对正犯的犯罪实现有所助益，提供者不但主观上不具帮助故意，也不成立帮助犯,① 不得追究其共犯责任。仅可能在不履行法定义务的情况下，构成《刑法修正案（九）》第 28 条规定的拒不履行信息网络管理义务罪。美国“明知”的内涵比我国的要广，不单包括具体的明知，也包括概括的明知。

可以看出，美国网络服务提供者的共犯责任的范围，包括我国《刑法修正案（九）》第 28 条、第 29 条第 2 款两部分在内。

二　网络服务提供者刑事责任的认定困境

前述的网络服务提供者的三种刑事责任，其关系如何？应当如何分别适用？是否《刑法修正案（九）》将帮助行为正犯化之后，就没有共犯责任的适用余地？第 28 条与第 29 条第 2 款之间的界限是否明确？对于上述诸问题，尚存如下困惑，需要进一步分析。

（一）刑事责任范围混淆导致适用困境

《刑法修正案（九）》出台之后，司法解释中关于网络服务提供者的刑事责任的规定会造成司法适用中的混淆。如“淫秽信息案件解释二”第 8 条明确认定网络服务提供者主观上为“明知”的具体情形，包括“行政主管机关书面告知后仍然实施上述行为的”等。现在的问题是，网络服务提供者在行政主管机关书面告知之后，仍然实施上述行为的，既可以证明网络服务提供者在“明知”他人实施犯罪仍然加功其行为，同时网络服务提供者也没有履行法定义务。

① 林钰雄：《新刑法总则》，（台北）元照出版公司 2006 年版，第 458 页。

也即是说，网络服务提供者同时符合《刑法修正案（九）》第28条与第29条第2款规定的构成要件。共犯正犯化责任与拒不履行法定义务责任发生重合，对此，在法律适用上应当如何处理？

“淫秽信息案件解释二”第8条第（一）项规定的“行政主管机关书面告知后仍然实施上述行为的”本意用以证明网络服务提供者的“明知”，实际上，要证明网络服务提供者“明知”，只需证明行政主管机关有效告知即可，而不需要求网络服务提供者在告知后“仍然实施上述行为”。司法解释的上述规定，明显混淆了明知而实施帮助的刑责与不履行法定义务的刑责两者之间的区别，从而导致可能出现的法条适用的重合。

实际上，“淫秽信息案件解释二”第8条规定的认定网络服务提供者存在“明知”的几种具体情形并没有同质性，提供者主观内容在实质上其实并不完全相同。如该条第（三）项规定，为淫秽网站提供互联网接入、服务器托管、网络存储空间、通讯传输通道、代收费、费用结算等服务，收取服务费明显高于市场价格的。在此情形下，网络服务提供者显然是以提供网络服务为业，其主观认识显然可以推定出具有第29条第2款要求的“明知”。甚至在特定情况下，可以认定其具有帮助他人完成犯罪行为的主观故意，甚至是直接故意。该解释第（一）项与第（三）项规定的行为构成并不相同。因此，“淫秽信息案件解释二”第8条将上述五种情形列举，并不妥当。

（二）共犯正犯化之后的刑罚失衡

据全国人大刑法修正的权威人士解读，《刑法修正案（九）》第29条第2款的目的在于即使实施诈骗等犯罪的人没有被抓获，全案没有破获，但是有足够证据证明此人实施了帮助行为，也可以对其独立定罪。① 该立法一般理解为将网络服务提供者的帮助行为正犯化，

---

① 《法工委解读〈刑法修正案（九）〉涉网络条款》，http://npc.people.com.cn/n/2015/1118/c14576-27829261.html。

对实施此类帮助行为的，一律按修正后的帮助实施犯罪活动罪处罚，而不再依据共犯理论适用之前的罪名。现在的问题是，这一做法，极有可能使得部分原本需要受到更重处罚的情形被从轻发落，从而放纵犯罪。① 例如网络服务提供者与他人通谋，为他人实施危害国家安全、公共安全或严重人身伤害的行为提供网络服务帮助的，如按照共犯处罚，网络服务提供者构成相应的危害国家安全、公共安全或伤害人身权利的罪名。该类罪名一般刑罚较重，甚至有不少配有死刑。特别是在有的犯罪中，网络技术支持可能会起到关键的重要作用，而不仅限于从犯的地位和作用。在此情况下，如依共犯处理，网络服务提供者应当处较重的刑罚。但是，由于《刑法修正案（九)》第 29 条第 2 款的存在，网络服务提供者无论对何种犯罪行为提供帮助、不论其在犯罪中的地位和作用，都只能处 3 年以下有期徒刑或者拘役，并处或者单处罚金。由此，必然造成刑罚的罪刑失衡。

出现该现象的原因在于立法上对网络共同犯罪的意思联络的特殊性认识不足。刑法通说理论一般认为，成立共同犯罪要求各共同犯罪行为人之间存在意思联络。意思联络是共同犯罪人双方在犯罪意思上的互相沟通，它可能存在于组织犯与实行犯之间、教唆犯与实行犯之间或者帮助犯与实行犯之间。② 与传统犯罪不同，在许多场合，网络服务提供者与正犯之间并无犯意的联络、沟通。除了通谋的场合之外，在网络服务提供者与实施犯罪行为的用户之间，并不存在双方的意思联络。有学者称之为“意思联络的不充分性”③。学界对类似情形下是否成立共同犯罪存在争议。持肯定意见的学者认为，意思联络

---

① 周光权：《网络服务商的刑事责任范围》，《中国法律评论》2015 年第 2 期。

② 高铭暄、马克昌主编：《刑法学》（第三版），北京大学出版社 2007 年版，第 180 页。

③ 于志刚：《共同犯罪的网络异化研究》，中国方正出版社 2010 年版，第 17 页。

在网络空间虽发生异化，但不影响行为人之间共同犯罪故意的认定。① 否定论则认为，由于存在意思联络的单向性、实施实行行为的可能本身不构成犯罪等理论障碍，不宜认定为共同犯罪。解决的方案是直接将此类帮助行为正犯化。② 无论如何不可否认的是，对网络服务提供者而言，是否与他人进行充分的意思沟通、事先共谋实施犯罪，对网络服务提供者主观恶性的判断，具有重要影响。现在的问题在于，关于“共谋”与“明知”之间刻意的、精细的区分，却被司法解释的制定者们有意或无意地抹杀了。上述提及的各个司法解释，对为他人犯罪提供帮助者，主观上一概以是否“明知”衡量之。只要达到这一门槛，不再进一步考虑有无“通谋”的问题，而直接以共犯入罪。③ 司法解释失误导致的后果是，对于与他人通谋实施犯罪的和对他人利用网络服务实施犯罪放任不管甚至实施的是中立帮助行为的，施加同样的刑罚，必然造成刑事责任的失衡。

三 网络服务提供者刑事责任关系辨析

本书认为，立法对网络服务提供参与犯罪的机理以及在犯罪中所起的地位和作用认识不足，虽然同是提供网络支持的行为，但是由于网络服务提供者的主观故意内容、意思联络程度、在共同犯罪中的地位与作用等不同，其刑事责任应当有所差异。因此，应当在不同行为分别类型化的基础上，区分网络服务提供者的刑事责任。

---

① 持此类观点的学者可见诸：赵秉志、张新平《论网络共同犯罪》，《政法论坛》2002 年第 10 期；刘守芬、丁鹏《网络共同犯罪之我见》，《法律科学》2005 年第 5 期等。

② 于志刚：《搜索引擎恶意链接行为的刑法评价》，《人民检察》2010 年第 12 期。

③ 车浩：《谁应为互联网时代的中立行为买单?》，《中国法律评论》2015 年第 1 期。

要区分三种刑事责任的关系，首先要明确不同行为的性质。上述三种行为在客观上都属于帮助行为。① 但问题是，提供帮助的行为是否必然构成共犯的帮助？答案是否定的。有学者认为，对于网络服务提供者不履行义务造成危害后果，本身有共同犯罪的犯意，可以认定为消极的帮助犯。② 此类观点值得商榷，该类观点容易混淆基于共犯的刑事责任和源于拒不履行法定义务的刑事责任两者的界限，并且不利于把握刑法中帮助行为的实质，极其可能造成对帮助行为处罚的扩大化。在下述两种情况下，行为人虽然提供了帮助行为，但不构成共犯，甚至不一定成立犯罪。

首先，共犯的帮助与违法行为的帮助。在共犯责任中，是对他人的犯罪行为的加功，前提是他人实施的犯罪行为，无此前提，则谈不上网络服务提供者的共同犯罪。而在不履行义务责任中，则不要求相关者实施的是犯罪行为，即使是行政违法也可。如在《刑法修正案（九）》第28条规定的“致使违法信息大量传播的”情况下，只要求“违法信息”即可。除此之外，还存在许多对违法行为的帮助行为，此类行为与共犯的帮助在性质上并不相同。对违法行为的帮助的犯罪化依据，并不在于对正犯行为的加功，而是对特定法律义务的违反。

其次，共犯的帮助与中立的帮助。中立帮助行为指在外观上中性无害，但客观上会对正犯的行为、结果起到促进作用的行为。如日用品商店的老板估计刚在马路上与人争执的顾客可能将菜刀用于杀人仍然向其出售菜刀；网络接入服务商明知他人申请开通网络的目的是建

---

① 《刑法修正案（九）》第28条规定的拒不履行信息网络管理义务罪涉及的范围较广，只有部分拒不履行法定义务的行为在客观上对他人的违法犯罪行为有帮助，而并非全部。与第29条第2款发生重合的，只限于该部分帮助行为。因此，本章只在该部分帮助行为的范围展开讨论。

② 于志刚：《共同犯罪的网络异化研究》，中国方正出版社2010年版，第430页。

立黄色网站仍为其办理网络接入服务等。① 两种帮助行为中，行为人的主观内容要求不同。在认识上，共犯帮助中，要求网络服务提供者对他人利用网络服务将要实施的犯罪行为具有特定、具体的“明知”。而中立帮助则是概括的、模糊的、并不确定的认识甚至只是猜测。在主观意志上，共犯帮助是希望或者放任正犯犯罪的完成。中立帮助行为人不存在希望、意欲正犯完成犯罪的主观心态。中立的帮助行为，并不都构成犯罪。

因此，并非所有的帮助行为都构成犯罪，并非构成犯罪的帮助行为都是共犯的帮助，也并非构成犯罪的帮助行为都是共犯正犯化之后的帮助。应当在区分不同的行为类型的基础上，再明确其刑事责任。

（一）区分“同谋”和“明知”的刑事责任

（1）对于与他人在事前或事中通谋，为他人实施犯罪行为提供网络技术支持、帮助的，适用共犯责任，依照正犯实施的犯罪类型定罪处罚。视网络服务提供者在共同犯罪中的作用，决定其量刑幅度。（2）将“通谋”从“明知”中单列出去，网络服务提供者明知他人实施犯罪而提供网络技术支持、帮助，但是没有与犯罪行为人通谋的，按照《刑法修正案（九）》第 29 条第 2 款定罪处罚。

（二）区分“明知”的帮助责任和违反义务的帮助责任

《刑法修正案（九）》第 28 条和第 29 条第 2 款之所以会重合，原因在于没有区分“明知”的帮助责任和违反义务的帮助责任。“淫秽信息案件解释二”第 8 条关于“明知”的认定，混淆了两者之间的关系。因此，在《刑法修正案（九）》出台之后，第 29 条第 2 款“明知”的认定，不宜沿用“淫秽信息案件解释二”第 8 条的解释。并且，在适当的时候，对该司法解释进行修订。《刑法修正案（九）》第 29 条第 2 款适用于虽与他人无通谋，但是不属于日常生活秩序范围内，没有社会相当性的行为。例如，以明显高于市场的价格为犯罪

① 陈洪兵：《中立的帮助行为论》，《中外法学》2008 年第 6 期。

分子提供网络服务的，或者以为犯罪行为提供特定的网络服务为业的行为。

（三）严格限制中立帮助行为的处罚范围

德、日等国刑法学界对中立帮助行为已有比较充分的研究，形成了主观说、客观说及折衷说等诸多不同的观点学说。中立帮助行为的学说之争，关键在于明确处罚依据，目的在于限制处罚范围。对于提供中立帮助行为的网络服务提供者的刑事责任，同样需要严加限制。以达到促进互联网和其他交互式计算机服务以及其他交互式媒体的持续发展的目的。① 因此，对于中立帮助行为，除非刑法有特别规定的义务，网络服务提供者仅仅在不履行法定义务的情况下，承担《刑法修正案（九）》第 28 条的刑事责任，不得适用《刑法修正案（九）》第 29 条第 2 款的规定追究其刑事责任。

四　网络服务提供者刑事责任的具体适用

如前所述，网络服务提供者依其功能，可以分为多类，不同的网络服务提供者，其刑事责任构成条件及责任范围有所区别。

（一）访问软件提供者的刑事责任范围

访问软件提供者的含义，指提供能从事以下一种或者多种活动的软件提供者（包括客户或者服务软件）：（A）过滤、筛选、允许或者不允许内容；（B）挑选、选择、分析或者消化内容；或者（C）传播、接收、展示、转寄、缓存、搜索、建立子集、组织、再组织或者翻译内容。② 访问软件提供者是否应当承担共犯责任，在何种情况承担共犯责任？在实践中有不同的见解。例如，有检察机关指控，快播公司成立于 2007 年 12 月，公司业务是基于流媒体播放技术，向国

① 47 U. S. C. §230(b)(1).

② 47 U. S. C. §230(f).(4)(2006).

际互联网发布免费的 QVOD 媒体服务器安装程序和快播播放器软件的方式，为网络用户提供网络视频服务。其间，快播公司及其直接负责的主管人员以牟利为目的，在明知上述 QVOD 媒体服务器安装程序及快播播放器被网络用户用于发布、搜索、下载、播放淫秽视频的情况下，仍予以放任，导致大量淫秽视频在国际互联网上传播。检方认为，快播公司及其直接负责的主管人员的行为均触犯我国刑法有关规定，应当以传播淫秽物品牟利罪追究其刑事责任。① 很显然，在该案中，检察院指控的思路是，快播公司及其直接负责的主管人员对用户发布、传播淫秽视频的行为实施了帮助，构成传播淫秽物品牟利罪的帮助犯。本案中检察机关的指控并不妥当。理由在于：

（1）访问软件提供者没有审查、监控网络内容的义务。全国人大常委会于 2013 年颁布的《关于加强网络信息保护的决定》中规定了网络服务提供者的内容管理义务。其中第 5 条明确，网络服务提供者应当加强对其用户发布的信息的管理，发现法律、法规禁止发布或者传输的信息的，应当立即停止传输该信息，采取消除等处置措施，保存有关记录，并向有关主管部门报告。由此可知，网络服务提供者（包括访问软件提供者）的义务限于违法信息被发现之后的消除、报告义务，而并没有去主动“发现”的义务。因此，淫秽视频的出现不应当增加访问软件提供者的法律义务与责任。

（2）快播公司及其主管人员没有构成共犯要求的主观心理内容。如前所述，在以共犯责任追究网络服务提供者刑责的路径上，不能限于证明网络服务提供者概括的“明知”，而必须有证据证明服务提供者有特定、具体的明知。即快播公司知道具体的行为主体将发布淫秽视频而为其提供软件支持的，才构成帮助犯。但本案中，检察机关的指控显然缺乏充足的证据来加以证明。因此，这一做法并不妥当。按照该思路，所有与网络正常运行相关的网络服务提供者都可能被追究

① 高健：《海淀法院受理快播公司涉黄案》，《北京日报》2015 年 2 月 11 日。

刑事责任，因为网络上的犯罪行为是客观必然存在、人所共知的，在此情况下还提供网络服务，显然构成犯罪帮助行为。也即是说，如果检察机关的指控成立，按照该逻辑推演下去，必将完全扼杀网络服务提供者的生存与发展空间。

快播公司提供软件上线，供用户下载使用。用户之后的使用行为完全由其自己自由支配，不受快播公司的控制。实际上，快播公司也没有管理、控制用户行为的能力和义务。同时，网络淫秽视频处于访问软件提供者的控制之外。要求快播公司为用户的使用行为担责，并不公平。因此，除非访问软件提供者确与他人通谋实施犯罪，否则，访问软件提供者不仅无须承担共犯责任，也不用承担《刑法修正案(九)》规定的拒不履行法定义务的刑事责任。

（二）平台提供者的刑事责任转化

平台提供者，指提供平台供用户发布信息或从事网络交易的机构或个人。最常见的平台如提供评论交流的 BBS 论坛、供以物品买卖的交易平台等。在通常情况下，平台提供者的刑事责任认定不会导致争议。但是，平台提供者在自己提供网络内容时，身份转换为内容提供者。功能不同，则身份相应变化。身份变化，则刑事责任自然改变。例如，平台提供者并没有完成提供直接内容，而是提供了他人非法内容的网络链接时，平台提供者是否应当承担刑事责任？承担何种刑事责任？

对是否应当承担刑责，学界有不同的观点。有学者认为，实践中，许多非法内容的链接，实际上已经开始完全独立化，演变成为一种独立的犯罪行为。如网络上侵犯著作权的侵权复制品的链接，实际上已经开始完全独立化，成为一种独立的“传播”淫秽物品、“复制、发行”侵权复制品等的犯罪行为。① 对此类行为，可以通过立法

① 于志刚：《搜索引擎恶意链接行为的刑法评价》，《人民检察》2010 年第 12 期。

作为正犯处罚。而不同的意见则认为，链接是在被链网站上传作品的基础上，令原本即可为公众所获取的作品得到了更为广泛的传播，能够为更多的网络用户获取，故链接的实质只能是信息网络传播行为的帮助行为。但其性质只是普通的帮助，并不构成刑法意义上的帮助。① 因此，刑法对提供链接的行为应当谨慎，不宜作为犯罪处罚。第一种观点不论被链接内容的发布者是否构成犯罪，直接将链接行为“正犯化”，有过度扩张刑法的适用范围之嫌，不甚妥当。第二种观点完全否认链接行为成立犯罪的可能性，不利于打击实践中确实存在通过链接侵害他人或社会权益的危害行为。

实际上，平台提供者提供网络链接的刑事责任的关键不在于提供者是否应当承担刑事责任，其特殊性在于，在特定场合平台提供者身份在什么情况下发生转换及其应当承担何种刑事责任。德国学界一般认为，单纯提供链接的行为，仅仅是提供访问的中介，不宜作为犯罪处罚。但是，如果网络服务提供者明确表示赞成被链接的内容，则应当承担内容提供者的刑事责任。② 在网络服务提供者对链接内容没有表达自己观点与意见，单纯提供链接的行为，虽然可以是帮助被链接内容传播的行为，但如没有证明网络服务提供者知道被链接内容涉及犯罪时，不得适用《刑法修正案（九）》第 29 条第 2 款。

（三）网络接入服务提供者的刑事责任限制

接入服务提供者指提供硬件基础设施，供他人访问信息网络的经营者。国际上的通行做法是，除非接入服务提供者与他人通谋，故意共同实施犯罪，接入服务提供者在满足法律规定的条件下享有豁免法律责任（包括刑事责任和民事责任）的特权。原因在于，网络社会中接入服务提供者发挥了保证网络顺利运行的基础性作用，因此，不

① 林清红、周舟：《深度链接行为入罪应保持克制》，《法学》2013 年第 9 期。

② Dr. Dieter Dörr & Steffen Janich, “The Criminal Responsibility of Internet Service Providers in Germany”, *Mississippi Law Journal*, 80, 2011, pp. 1247–1261.

宜让接入服务提供者背负过多的责任风险。① 我国 2006 年 5 月 18 日颁布的《信息网络传播权保护条例》② 中设有类似的豁免制度。该条例第 20 条规定：网络服务提供者根据服务对象的指令提供网络自动接入服务，在（一）未选择并且未改变所传输的作品、表演、录音录像制品，且（二）向指定的服务对象提供该作品、表演、录音录像制品，并防止指定的服务对象以外的其他人获得时，不承担赔偿责任。但是，在刑法领域，《刑法修正案（九）》第 28、第 29 条都规定的网络服务提供者的刑事责任都没有将接入服务提供者排除出去。该做法带来的必然后果，其一是给网络接入服务提供者施加沉重的法律义务与责任风险枷锁，束缚网络技术的发展进步；其二是刑法的规定由于并不完全包括网络世界的运行规律和实际状况，而被束之高阁，损害刑法自身的权威。因此，本书建议，对网络接入服务提供者的刑事责任适用范围加以严格限制。除非涉及国家安全或重大公共安全的，不得以《刑法修正案（九）》第 28、第 29 条追究网络接入服务提供者刑事责任。

（本章的内容曾以“网络服务提供者的刑事责任模式及其关系辨析”为题发表在《政治与法律》2016 年第 4 期；本书对内容略有修改。）

---

① MARCO GERCKE &PHILLIP W. BRUNST, PRAXISHANDBUCH INTERNETSTRAFRECHT[PRACTICE MANUAL OF INTERNET CRIMINAL LAW] pt. 565 (2009).

② 以中华人民共和国国务院令第 468 号公布，2013 年 1 月 30 日根据中华人民共和国国务院令第 634 号《国务院关于修改〈信息网络传播权保护条例〉的决定》修订。

第二章　网络服务提供者的保护规则

一　传统责任规则的修正——网络服务提供者的保护规则

网络技术的发展和应用给法律规制带来了一些难题，特别是网络服务提供者对于他人滥用其服务传播非法内容或者实施非法行为而承担责任的问题，始终难以找到一个恰当的立场。从国外的立法和司法实践来看，网络服务提供者关于第三方内容责任的问题经历了一个从最初的反应过激到立法矫正的过程。起初，多数国家都试图在传统法律领域内解决服务提供者刑事责任的问题。例如德国的 CompuServe 案，德国分公司经理 Felix Somm 由于美国总公司服务器中储存的儿童色情内容而承担共犯的刑事责任。① 这一判决在国际上产生了巨大

① Vgl. AG München, Urt. v. 28. 05. 98, 8340 Ds 465 Js 173158/95. CompuServe Germany 是 CompuServe USA 的全资子公司，负责为德国的用户提供接入 CompuServe 的服务。调查机关在 CompuServe 的新闻组中发现了来自第三方的涉及儿童色情的新闻组，并将名单送达给 CompuServe Germany。由于德国分公司对于服务器中的内容并不具有控制能力，分公司经理 Somm 在接到相关通知后立即通知总公司要求屏蔽或者删除违法信息。美国总公司虽然屏蔽了调查机关名单上的主要新闻组，但在两个月后解除屏蔽。法院认为 CompuServe USA 具有屏蔽其服务器中儿童色情内容的能力和义务但却没有履行义务。且这种义务的不履行可以归功于德国分公司的总经理 Somm，因为 Somm 曾经接到相关通知并知道网络中存在违法内容而仍然提供接入 CompuServe 的服务。

影响，致使许多服务提供者离开德国。德国学者 Sieber 在判决评论中指出，法院对于 Somm 行为的分析并不准确，法院认为 Somm 可归责的行为在于在子公司和母公司之间建立连接，但这种基础性连接的存在先于犯罪活动。① 而且即使是从不作为的角度来考虑，Somm 及德国分公司作为接入提供者并不具有保证人地位②；Hoeren 教授对此更是评价道，“判决理由的材料表明，笼统的先入为主有罪思维对司法来说能有多么危险”。③ 这种情况在美国也同样存在，法院借用普通法中关于诽谤言论的责任模型来认定网络服务提供者的责任——Prodigy 公司由于利用技术和人力来删除其网络中的非法信息而被认定为对内容具有编辑性控制，因此对其网络中来自用户的诽谤内容承担责任。④ 这一判决存在明显的缺陷，服务提供者主动处理网络中的非法内容会招致法律风险，而对违法内容采取不闻不问的态度却不需承担责任，判决结果迫使服务提供者采取不作为的态度放任网络中的违法内容。

由此可见，适用传统的法律规定判断网络服务提供者的责任的确容易产生误差。在这种情况下，这些国家都针对网络服务提供者的责任问题制定了特殊规则。CompuServe 案二审法院援引《电信服务法》(Teledienstgesetz) 第 5 条第 3 款的规定——如果服务提供者仅仅提供使用他人的内容的通道，则对于这些内容不承担责任，否定了 Somm

---

① Vgl. Sieber, Ammerkung zu dem CompuServ – Urteil des AG München, Zeitschrift Multimedia und Recht 1998, S. 31.

② Vgl. Sieber, Ammerkung zu dem CompuServ – Urteil des AG München, Zeitschrift Multimedia und Recht 1998, S. 32.

③ Hoeren, Ist Felix Somm ein Krimmineller, Neue Juristische Wochenschrift 1998, S. 2792.

④ See Stratton Oakmont, Inc. v. Prodigy Servs. Co., No. 31063/94, 1995 N. Y. Misc. LEXIS 229.

的共犯责任。① 鉴于 Prodigy 案判决所产生的负面影响，美国国会也于不久后通过了《通讯规范法》（Communication Decency Act），原则上否定了网络服务提供者对于他人发布内容的责任。上述规则主要规定了网络服务提供者不承担责任的情形，换言之，这些规则在特定情形中给予服务提供者法律保护，以消除传统法律对此存在的模糊性和不确定性。因此，笔者称之为网络服务提供者的保护规则。除上述两个保护规则之外，较为知名的服务提供者保护规则还包括美国 1998 年通过的《数字千年版权法》（Digital Millennium Copyright Act，DMCA），欧盟 2000 年通过的《电子商务指令》（Directive on Electronic Commerce），英国 2013 年修订的《诽谤法》（Defamation Act 2013）等。这些保护规则一方面将传统法律所未考虑到的技术性因素融入规范设计中，使其对于网络服务提供者更具有针对性；另一方面又明确地限制了网络服务提供者的责任，遏制传统法律的模糊性而导致的责任扩张。因此，可以说网络服务提供者的保护规则对传统刑法规则以及理论进行了调整，潜在地影响了网络服务提供者刑事责任的认定方式。

二　惩罚与保护的失衡——我国网络服务提供者保护规则的缺失

与其他国家相似，我国在处理网络服务提供者刑事责任的问题时也采取了激进的立场。但不同的是，我国不但没有制定行之有效的保护规则，反而在激进的道路上越走越远。如同劳东燕教授所观察到的：“当代社会的风险性质使得刑法变成管理不安全性的控制工具，

---

① Vgl. LG München I, Urt. v. 17. 11. 99, 20 Ns 465 Js 173158/95.

风险成为塑造刑法规范与理论的重要社会力量”。① 这种趋势在网络服务提供者刑事责任的问题上体现得尤为明显，鉴于网络服务提供者业务及其技术行为所表现出来的风险特征，相关学术讨论、司法以及立法活动都更强调安全的价值取向。在缺乏保护规则的情况下，网络服务提供者的刑事责任问题更倾向于惩罚而非保护，致使刑事责任的扩张超出了合理的界限。

网络服务提供者刑事责任扩张的原因首先在于对技术性风险的错误感知。风险本来是一个中性的概念，是指一种不确定性。而服务提供者的技术风险却被误解为危险，过于强调其消极的一面。例如有学者认为，“以网络平台服务者为例，单独正犯通过网络平台上传一部淫秽色情视频的行为往往危害有限，但网络平台提供者通过平台的连接与传播功能却能将此危害结果几何级放大。网络服务商的帮助行为无疑对法益形成了更为严重的侵害”。② 笔者不否认服务提供者在客观上促进了违法信息的传播，但是并不赞同在无法证实主观故意的情况下将所产生的法益危害主要归于服务提供者的业务行为。网络中违法信息爆发性传播的情况，应该至少归结为三方面的因素：第一，部分网络用户非法使用网络服务；第二，网络大幅度提高了信息传播效率；第三，服务提供者对服务滥用行为缺乏有效处置。所以，将危害结果普遍性地归于网络服务提供者的观点是片面的。

另外，对于网络服务提供者技术行为，特别是自动性程序行为的认识不足，进一步导致了责任的扩张。计算机程序的自动性决定了网络服务提供者无法知晓其运行的具体过程，因此也无法完全控制结果。例如用户在论坛中发布消息时，计算机只是按照设置好的程序自

---

① 劳东燕：《公共政策与风险社会的刑法》，《中国社会科学》2007 年第 3 期。

② 王霖：《网络犯罪参与行为刑事责任模式的教义学塑造——共犯归责模式的回归》，《政治与法律》2016 年第 9 期。

动执行，从接受用户的指令到执行完毕该指令的过程中服务提供者既不知情，也无法获知信息内容。一些学者仍然从纯自然人作为的角度出发，认为网络服务提供者在程序运行的过程中能够获得对违法内容的明知，将其定位为片面的帮助犯①或帮助信息网络犯罪活动罪的正犯。② 另外，自动性的程序虽然可能导致危害后果，但是并不能据此否定这种技术行为本身的合法性，因为在具体运行过程中用户作为服务的使用者主导了结果。有学者认为，当某种预设的自动性程序没有设置门槛来避免可能的危害结果时，行为所制造的法益风险就升高到值得刑罚处罚的程度。③ 如果遵循这一思路，任何存在技术行为都可能受到刑法的处罚，甚至连最基本的信息传输行为也不例外，因为通常信息传输并不会受到任何限制，用户可以传输包括违法信息在内的任何信息。

（一）司法实践中责任扩张

从快播案判决书的理由中可以发现，法院对快播案件中的责任根据进行了模糊处理，进而以实现归责的目的。海淀区人民法院一审认定快播公司成立传播淫秽物品牟利罪，主要逻辑如下：快播公司作为网络服务提供者负有网络安全管理义务，而快播公司及各被告人员在明知其系统内存在大量淫秽视频并且具有义务履行能力的情况下，出于牟利的目的故意放任淫秽视频的传播。④ 这种以网络安全管理义务

---

① 刘守芬、丁鹏：《网络共同犯罪之我见》，《法律科学》（西北政法学院学报）2005 年第 5 期。

② 涂龙科：《网络服务提供者刑事责任的辨析》，《政治与法律》2016 年第 4 期。

③ 周光权：《犯罪支配还是义务违反——快播案定罪理由之探索》，《中外法学》2017 年第 1 期。

④ 参见深圳市快播科技有限公司及王欣等传播淫秽物品牟利案〔2015〕海刑初字第 512 号。

为出发点的论证思路得到了一些学者的支持。① 但是这一逻辑并没有遵循不纯正不作为犯认定的一般思路。快播案件中定义的网络安全管理义务与传播淫秽信息牟利罪具体情形中的不作为义务在内涵和外延上都不尽相同。判决书的第一部分将安全管理义务解释为“设置必要监管环节，及时处置违法或不良信息”，这是一种一般性的抽象义务。但是对于不纯正不作为犯而言，符合构成要件的不作为以一个需要进行干预的具体情况为条件，这种情况仅存在于实现构成要件结果的危险之中。② 换言之，只有在具体的危险情况出现时，快播公司才产生为避免结果发生而采取保障措施的义务，而不是一种一般性的保障义务。而这种具体情况通常是指网络服务提供者对于非法内容的明知。③ 而且根据德国的主流观点，这种明知应被限定为对于信息或者行为的直接故意形式下的积极明知，即对于个别、具体的信息或者行为的明知，因为只有如此才能期待服务提供者采取相关措施。④ 而对违法信息的检查、监控义务以及避免类似情况再次出现的义务，并不属于网络服务提供者不纯正不作为义务的范畴，而且这些义务本身就存在争议。⑤

其次，法院所依据的义务履行标准也较为模糊。法院认为快播公司拒不履行义务主要基于两个事实：一是“快播公司连行业内普遍

---

① 张明楷：《快播案定罪量刑的简要分析》，《人民法院报》2016 年 9 月 14 日第三版；陈兴良：《在技术与法律之间：评快播一审判决》，《人民法院报》2016 年 9 月 14 日第三版。

② Vgl C. Roxin, Strafrecht Allgemeiner Teil, Band II, C. H Beck 2003, S. 682f.

③ Vgl Sieber, in: Hoeren/Sieber (Hrsg.), Handbuch Multimedia-Recht, 1999, Allgemeine Probleme des Internetstrafrechts Teil 19. 1 Rn49.

④ Vgl Sieber, in: Hoeren/Sieber (Hrsg.), Handbuch Multimedia-Recht, 1999, Allgemeine Grundsätze der Haftung Teil 18. 1 Rn87-89.

⑤ 涂龙科：《网络内容管理义务与网络服务提供者的刑事责任》，《法学评论》2016 年第 3 期；刘艳红：《无罪的快播与有罪的思维》，《政治与法律》2016 年第 12 期。

能够实施的关键词屏蔽、截图审查等最基本的措施都没有认真落实”；二是“‘110’不良信息管理平台在深圳网监验收合格之后，基本被搁置”。法院所认定的不作为，缺乏明确的标准。行业的基本保障措施具体包括哪些，标准是什么，以及“不良信息管理平台”的运作制度如何认定，都缺乏法律的明确规定。这些措施和制度一般都体现为公司的内部制度，具有个体之间的差异性，缺乏统一的标准。在义务履行标准不明确的情况下，义务履行的判断容易以危害结果作为标准，即以网络中是否存在非法信息为标准——只要网络中存在非法信息就认为没有履行义务，这导致责任的判断又重新回到早已被摒弃的客观归罪的道路。因此，有学者指出，网络安全管理义务牵引下的传播淫秽物品牟利罪的判断逻辑，实际上是为实现打击犯罪的目的而先对案件入罪定性再寻找合适罪名的思维。①

（二）司法解释与立法活动中的责任扩张

我国许多司法解释都针对网络服务提供者作出了专门性的规定，降低了入罪标准。例如《最高人民法院、最高人民检察院关于办理利用互联网、移动通讯终端、声讯台制作、复制、出版、贩卖、传播淫秽电子信息刑事案件具体应用法律若干问题解释（二)》（以下简称“淫秽信息案件解释二”）第6条，将网络服务提供者的主观罪过要素降格为明知，弱化了承担责任通常所要求的意志因素。《刑法修正案（九)》设立的帮助信息网络安全管理义务罪与拒不履行信息网络安全管理义务罪都涉及网络服务提供者的刑事责任。帮助信息网络犯罪活动罪的构成要件虽没明确指向网络服务提供者，但是其关于构成行为的描述都与服务提供者有着密切的联系，例如“为其犯罪提供互联网接入、服务器托管、网络储存、通讯传输等技术支持”。因此，有学者认为帮助信息网络犯罪活动罪是针对网络服务提供者而

① 刘艳红：《无罪的快播与有罪的思维》，《政治与法律》2016年第12期。

设置的。① 然而，该罪名适用于网络服务提供者可能会导致不恰当的处罚状况出现。正如张明楷教授指出："如果仅因为客观上对他人的信息网络犯罪起到了帮助作用，且行为人认识到自己的业务行为会对他人的信息网络犯罪（起到）帮助作用，就以犯罪论处，那么就过分限制了国民的自由，也不利于社会发展"②；还有观点认为该罪名的设立实际上肯定了本不应处罚的"明知非促进型"网络服务者的中立帮助行为的可罚性③。可以说，帮助信息网络犯罪活动罪的设立，为追究网络服务提供者的刑事责任提供了一种潜在的可能性，这种可能性给网络服务提供者的业务活动带来了极大的刑事风险。另外，拒不履行信息网络安全管理义务罪确立了网络服务提供者特有的责任追究模式。信息网络安全管理义务这一概念本身较为宽泛且缺乏明确性。安全管理义务的种类不仅涉及违法信息的处置、用户信息保护、侦查协助，还存在"有其他严重情节的"开放性规定，保留了扩充义务种类的可能性。而且，义务的具体内容并没有在罪状中详细规定，而是需要参照法律、法规来确定。但《网络安全法》等互联网安全立法也没有对安全管理义务进行具体、详细的规定。在缺乏相关解释的情况下，拒不履行信息网络安全管理义务罪难以满足罪刑法定原则的基本要求，其合法性存在某种程度的缺陷。

（三）网络服务提供者保护规则的缺失

面对刑事责任的扩张趋势，我国缺少有效的保护规则来限制网络服务提供者的刑事责任。在我国的各种法律、行政法规中，只有2006年公布的《信息网络传播权保护条例》涉及网络服务提供者的

---

① 刘宪权：《论信息网络技术滥用行为的刑事责任——〈刑法修正案（九）〉相关条款的解释与适用》，《政法论坛》2015年第6期。

② 张明楷：《论帮助信息网络犯罪活动罪》，《政治与法律》2016年第2期。

③ 刘艳红：《网络犯罪帮助行为正犯化之批判》，《法商研究》2016年第3期。

保护。其中第 22 条、第 23 条、第 24 条分别对网络服务提供者的信息传输、自动储存以及储存空间提供行为给予了保护。但《信息网络传播权保护条例》的保护范围过于狭窄，网络服务提供者免责的信息内容仅限于侵犯著作权的作品、表演、录音录像作品。换言之，对于其服务中可能涉及的淫秽信息、诽谤信息、恐怖主义信息等其他犯罪性内容，网络服务提供者仍然暴露在刑事责任的风险之中。在缺乏针对刑事责任的保护规则的情况下，学者试图从理论上对网络服务提供者的刑事责任进行限制。陈洪兵教授最早将网络服务提供者的行为归为中立的帮助行为，并主张通过否定其一般的可罚性来限制处罚范围。① 周光权教授也认为，应该通过客观归责理论来限制网络服务提供者的刑事责任，单纯提供网络技术的经营行为原则上就不应该处罚，因为这种行为并没有制造法所不允许的危险。② 毋庸置疑，通过客观归责理论来限制网络服务提供者刑事责任的范围具有一定的积极意义，但是这种限制并不能提供足够的保护。首先，客观归责理论对网络服务提供者刑事责任的限制是模糊的，原则上不处罚或者通常不应承担帮助犯责任的说法并不能明确地限制刑事责任。周光权教授主张通过客观归责理论排除单纯技术行为的可罚性，但却又依据客观归责理论认定了缓存技术行为的可罚性。③ 其次，这种限制毕竟只是一种理论上的主张，在司法实践中是否会被采纳以及在何种程度上被采纳都难以预测。

责任扩张的趋势如果无法遏制不仅会使网络服务提供者受到不公正的待遇，而且会遏制整个行业的进步。新技术往往伴随着风险，其

---

① 陈洪兵：《中立帮助行为论》，《中外法学》2008 年第 6 期。

② 周光权：《网络服务商的刑事责任范围》，《中国法律评论》2015 年第 2 期。

③ 周光权：《网络服务商的刑事责任范围》，《中国法律评论》2015 年第 2 期；周光权：《犯罪支配还是义务违反——快播案定罪理由之探索》，《中外法学》2017 年第 1 期。

发展一般会经历创新、商业化、混乱、秩序四个阶段。仅仅因为产生混乱就扼杀掉某种商业模式（正如对于快播案件的处罚），则会将技术创新扼杀在摇篮之中。因此，保护网络服务提供者的意义不只在于互联网企业本身，而是在保护国家的创新能力。① 而且，这种影响可能是更深层次的，针对服务提供者的法律责任会影响服务提供者的行为，这种影响会通过服务提供者传递到用户的层面。② 当服务提供者受到刑事责任威胁时，用户的权益不可能成为其关注的主要事项。尤其是当服务提供者难以判断某一信息是属于应受保护的信息还是法律禁止的信息时，其更倾向放弃避免错误的努力而有意识地采取预言性自我审查政策，删除任何可能招致责任的信息内容。③ 服务提供者草率删除用户内容的情形在我国并不少见，例如有学者就曾经对某社交网络屏蔽其转发的文章表示不满。④ 所以，面对这种状况，我国制定更加有效的网络服务提供者保护规则，重新审视网络服务提供者的技术风险。

三　经验与教训——网络服务提供者保护规则的不同模式

毫无疑问，设立网络服务提供者保护规则的逻辑是正确的，但如何设计保护规则仍然是一个有待解决的问题。德国学者 Sieber 在对不同法律体系针对计算机网络设立的专门性责任规则进行比较后发现，

---

① 周汉华：《论互联网法》，《中国法学》2015 年第 3 期。

② See Morgot Kaminski, Positive Proposals for Treatment of Online Intermediaries, 28 *Am. U. Int' l L. Rev.* 203, 205 (2012).

③ See Seth F. Kreimer, Censorship by Proxy: The First Amendment, Internet Intermediaries, and the Problem of the Weakest Link, 155 U. Pa. L. Rev. 11, 2006, p. 28.

④ 丘兴隆：《为关于快播案的不同解说被删而叫屈》，http://mp.weixin.qq.com/s?__biz=MjM5NjMyNDM5Nw==&mid=2653159639&idx=2&sn=191352fb21e93b86912f928eb91a2108&scene=21。

这些责任规则都主要涉及网络服务提供者的责任特权化（Haftungsprivilegierungen）。但不同的是，相关的立法改革采用了不同的立法技术，主要表现为英美法系国家针对特定法律领域而制定的个别保护规则以及欧盟国家普遍所采用的适用于所有法律领域的总则性保护规则。① 本书拟参照上述区分标准，以美国和德国的相关立法为对象分析网络服务提供者保护规则的模式和内容。

（一）针对特定领域的个别性保护规则

美国主要根据不同的违法信息种类制定了相对分散的网络服务提供者保护规则体系，主要包括针对诽谤性信息的《通讯规范法》以针对侵犯知识产权信息的《数字千年版权法》。

1. 针对诽谤性信息的《通讯规范法》

《通讯规范法》第230条从角色定位的角度限制了网络服务提供者的责任：任何交互性计算机服务的提供者都不得被视为其他信息内容提供者所提供信息的发布者。② 这一规定主要限制从普通法发展而来的诽谤言论责任规则对网络服务提供者的适用。根据普通法所确立的针对诽谤内容的责任规则，如果网络服务提供者对用户的内容不具有编辑性控制，其只有在对相关信息存在明知或者有理由明知的情况下才作为传播者（Distributor）承担责任③；反之，网络服务提供者则视为信息的发布者（Publisher）承担责任④。显然，发布者的责任标准明显低于传播者，因为只要认定服务提供者发布者的地位，无须再判断其对信息是否存在明知而直接将其等同为信息的原始发布者而承担责任。美国法院对服务提供者发布者地位的认定并不合理，如果

---

① Vgl. *Sieber*. Die Verantwortlichkeit von Internet-Providern im Rechtsvergleich. ZUM,1999,202.

② See 47 U. S. C. 230 § (c)(1).

③ See Cubby, Inc. v. CompuServe Inc., 776 F. Supp. 135(S. D. N. Y 1991).

④ See Stratton Oakmont, Inc. v. Prodigy Servs. Co., No. 31063/94, 1995 N. Y. Misc. LEXIS 229 at 10.

服务提供者主动审查用户所发布的内容来判断是否存在非法信息，就会因为对用户信息内容具有编辑性控制而被认定为发布者并需要承担相应责任。① 这反而会使网络服务提供者为了避免责任而不去审查网络中的违法内容。故《通讯规范法》将网络服务提供者限定为他人信息内容的传播者，避免将他人发布的内容直接归于服务提供者，进而承担较为严格的违法信息发布者责任。在实践中，服务提供者主张这一保护需要满足三个条件：（1）（服务提供者）是交互性计算机服务的提供者；（2）提起的指控将被告视为信息内容的提供者；（3）涉案的信息由其他信息内容提供者提供。②

虽然《通讯规范法》在实践中多被用于限制网络服务提供者的侵权责任，但是无疑也具有限制刑事责任的作用。该法在阐述对其他法律的影响时明确表明，“任何与本法规冲突的州或者当地法律都不可作为起诉的理由和追究责任的依据”。③ 从立法表述来看，《通讯规范法》的保护规则至少可以在州一级的刑法层面发挥刑事责任限制的作用。司法实践也证实了其对于刑事责任的限制，在 Dart v. Craigslist 案中，警长 Dart 指控 Craigslist（分类广告网站）故意促进卖淫活动，违反了州和联邦的数项法律规定。法院仍然适用《通讯规范法》排除了网站的责任。④ 这种限制主要体现为：就网络中他人提供的信息而言，服务提供者只能被认定为信息的传播者，在具备明知的情况下才能承担责任。而鉴于网络中庞大的信息流量服务提供者难以对违法信息存在知情，因此网络服务提供者几乎对第三方内容全部免责。在《通讯规范法》适用的过程中，法院逐渐扩大了其对于

---

① See Stratton Oakmont, Inc. v. Prodigy Servs. Co., No. 31063/94, 1995 N. Y. Misc. LEXIS 229 at 10.

② See Deldino v. Agilent Technologies, Inc. 145 Cal. App. 4th 790, 804 – 805 (2006).

③ 47 U. S. C. 230 § (f)(2).

④ See Dart v. Craigslist, Inc., 665F. Supp. 2d 961 (N. D. Ⅲ. 2009).

服务提供者的保护范围，尤其是否定了网络服务提供者删除诽谤性言论的义务。Zeran v. AOL 案的判决表明，即使是在接到通知之后，网络服务提供者并不因为拒绝删除第三方发布的诽谤性言论而承担责任。因为该案法院认为这种删除义务会导致明显的寒蝉效应——由于网络服务提供者无法审查所有的内容中可能出现的问题，所以面对其网络中的信息可能带来的潜在责任，服务提供者很可能选择秘密地限制信息发布的数量和类型。① 这一立场也在后续许多判决中得到了肯定，例如佛罗里达州上诉法院认为强迫网站移除诽谤性内容是将网站视为信息的发布者，因此与《通讯规范法》相悖②；德克萨斯州上诉法院表示《通讯规范法》并没有提供要求网站移除第三方发布在网站的虚假或者诽谤性言论的权利③；第三巡回法院认为《通讯规范法》禁止追究服务提供者监控、审查、删除其网络中内容的责任——这些行为与发布者角色密切相关，因此服务提供者不因没有撤回非法的诽谤言论而承担责任④。除此之外，法院还免除了诽谤言论发布者与网络服务提供者存在雇佣合同关系时，服务提供者对于该诽谤性言论的责任。⑤ 法院的扩张性解释使得服务提供者在对内容的创立具有一定影响的情况下仍然享有保护。

2. 针对侵犯著作权信息的《数字千年版权法》

《数字千年版权法》的第二部分《网络著作权侵权责任限定法》(OCILLA)，为网络服务提供者设立了“安全港”规则，对满足特定条件的四种技术行为给予庇护——临时性数据网络通信、系统缓存、

① See Zeran v. Amercia Online,129 F. 3d 327,331(4th Cir. 1997).

② See Medytox Solutions Inc. v. investorshub. com 152 So. 3d 731(D. Ct. of App. Fla.,3d DCA 2014).

③ See Godaddy. com v. Toups 429 S. W. 3d 752(Tex. Ct. of App. 2014).

④ See Dennis Obado v. Ed Magedon,No. 14-3584(3d Cir 2015).

⑤ See Blumenthl v. America Online.,992 F. Supp. 44(D. D. C 1998).

储存以及信息定位工具的使用。① 这种保护主要体现在当用户通过服务提供者的网络发布侵犯著作权信息或从事侵犯著作权的活动时，服务提供者并不为此承担财产性救济以及禁令性救济的责任。这两种责任虽属于民法上的责任，但是根据美国较有影响力的《尼莫版权条约收录》中关于“没有引起民事上著作权损害的行为，必然不会构成刑事上的侵犯著作权犯罪”的论述②，这一保护规则理论上也能够排除刑事责任。

不同于《通讯规范法》，《数字千年版权法》中的保护存在多层次的前提条件。从一般性的前提条件来看，服务提供者首先作为适格主体不得更改接收或者发送的材料内容。③ 其次，服务提供者须进行相应的技术调整，对反复侵权者停止提供服务以及采取配合并且不干扰著作权所有者用来识别或保护著作权作品的标准技术措施。④ 在此基础上，网络服务提供者的技术行为是否能够受到保护还应根据相应的具体条件进行判断。例如，对于网络通信而言，只有其满足下列条件才受到保护：（1）只有当传输并非由服务提供者发起而且这一过程是通过自动性技术程序而实现；（2）服务提供者没有选择接收对象也没有改变传输的内容；（3）服务于传输的临时储存只有指定接收者可以访问且储存的时间不长于传输所需。⑤

---

① 临时性数据通信主要是指对其网络或者系统的材料进行传输、路由或提供连接以及在这一过程中的中介性临时储存；缓存是指为方便（信息提供者与传输对象之外的）其他用户再次访问相关信息的暂时性储存；储存是指服务提供者网络中由用户主导的信息储存；信息定位工具的作用在于指引或者链接用户到含有侵权内容（活动）的网络位置，具体方式包括目录、索引、引用、指针、超文本链接。See 17 U. S. C. § 512(a),512(b)(1),5215 (c)(1),512 (d).

② 4 Melville B. Nimmer & David Nimmer, Nimmer on Copyright, § 15. 01[A][2] (2013).

③ See 17 U. S. C. § 512(k)(1)(A).

④ See 17 U. S. C. § 512(k)(1)(B),512(i)(1)(A)(B).

⑤ See 17 U. S. C. § 512(k)(1)(A).

《数字千年版权法》中最具有影响力的具体限制条件是“通知—删除”机制（Notice-Takedown），这一条件在系统缓存、信息储存以及信息定位工具等技术行为的保护中均有不同程度的体现。这一完整的保护条件本身又包括逐级递进的三个层面。第一，服务提供者没有获得可以直接归功于侵权活动经济性收益，并且其有权利和能力控制这些活动。① 如果服务提供者没有满足该条件，即使在接到通知后删除了相关信息也无法受到安全港原则的保护。这一规定在某种程度上给安全港的保护留了一个“后门”，使服务提供者可能承担严格的替代责任。美国法院为了贯彻保护服务提供者的立法目的，对该规定进行限制性解释，主要体现在对直接性收益与违法活动的因果关系的限制以及控制违法活动的能力和权利的认定。② 第二，服务提供者对网络中的侵权行为不存在实际明知，或一旦收到符合条件的侵权主张，立即采取行动移除相关内容、断开连接。③ 第三，服务提供者对网络中的侵权行为不具有实际明知，也没有认识到能够明显表明活动违法性质的事实或者情形，或者一旦认识到这种情形便立即采取行动移除内容或断开连接。④ 后两点都规定了服务提供者应采取措施的情形，对于实际明知而言，主要是指服务提供者接到相关权利人的侵权主张；而（在没有接到通知的情况下）如何判断服务提供者是否认识到特定事实则较为模糊。这一判断被立法记录描述为“红旗测试”，主要涉及两个方面的评估：主观上是否知道相关事实，客观上这一事

---

① See 17 U. S. C. § 512(c)(1)(B).

② 法院认为向实施侵权行为的人收取一次性的设置费用以及周期性的服务费用并不构成“获得可以直接归功于侵权活动经济性收益”；服务提供者删除第三方内容的能力并不能满足“控制的权利与能力”的要求。See Perfect 10,Inc v. CCBill.,488F. 3d 1102,1117-18(9th Cir. 2007);Hendirckson v. eBay,Inc.,165 F. Supp. 2d at 1093-1094. (C. D. Cal. 2001).

③ See 17 U. S. C. § 512(c)(1)(A)(i),(c)(1)(C).

④ See 17 U. S. C. § 512(c)(1)(A)(ii),(iii).

实对于处于服务提供者位置的一般理性人来说是否是充分明显的。“一般而言，认识的程度必须达到对表现明显侵权事实的明确知道”。①

（二）具有普遍适用性的总则性保护规则

Sieber 教授所指的总则性保护规则的原型是德国 1997 年制定的《电信服务法》（Teledienstsgesetz）的第五条，其规定了服务提供者不同功能行为的责任。《电信服务法》第五条基于技术因素以及服务提供者经济成本的考虑，确立了四个原则：（1）服务提供者对自己的内容承担全部责任；（2）服务提供者对他人内容承担有条件的责任；（3）接入提供者原则上不承担责任（刑事责任的排除）；（4）接入提供者承担责任的例外情况（民事不作为以及行政命令不作为责任的保留）。该保护规则的总则性主要体现在两个方面：第一，关于责任限制的规定适用于当前刑法以及秩序违法中的整体法律状况；第二，从涉及的违法内容来看，责任限制条款适用于刑法和秩序违反法中全部的表达型违法行为以及电信服务范围内可以通过特定内容而实施的刑事构成要件行为。易言之，责任限制的作用不因违法内容的种类而受到影响。② 其背后的理念在于，不论涉及何种类型的违法信息，服务提供者总是采取了相同的技术手段：传输、缓存或者储存第三方的内容。③

在美国《数字千年版权法》的影响下，2000 年欧盟制定了《电子商务指令》（Directive on Electronic Commerce），为成员国确立了服务提供者分级责任的标准，要求各成员国在特定条件下不追究服务提

---

① Edward Lee, *Decoding the DMCA Safe Harbors*, 32 Colum. J. L. & Art 233, 252 (2008).

② Vgl. BT-Drs. 13/7385 v. 9. 4. 1997, S. 20.

③ See Miquel Peguera, The DMCA Safe Harbor and Their European Counterparts: A Comparative Analysis of Some Common Problems, 32 Colum. J. L & Arts 481, 482 (2008).

供者传输、缓存、主机储存行为的责任，并免除服务提供者的一般监督性义务。2001 年德国通过修正案在《电信服务法》中转化了这一指令，并于 2007 年将《电信服务法》与《州际媒体服务协定》（Medienstestaatsvertrag）整合为《电信媒体法》（Telemediengesetz）。《电信媒体法》全面保留了《电信服务法》中关于网络服务提供者的保护规则，并作为“跨法律领域的截面规则”限制刑法、民法以及行政法中服务提供者的责任。由于《电信媒体法》受到《数字千年版权法》的间接性影响，其内容十分相似。例如，《电信媒体法》第 8 条至第 10 条同样免除了信息传输、信息缓存以及信息储存的责任，并且对信息缓存和储存行为适用了通知—删除的机制。

《电信媒体法》的独特之处在于其明确地排除了服务提供者的一般性监管义务：“服务提供者不具有监管其传输或储存信息，以及依据指示违法行为的情形进行调查的义务”①。此处所排除的一般性监管义务是指一种“缺乏诱因的主动监控义务”②，这种义务要求服务提供者基于预防的目的从整体上对其传输和储存的信息所造成的损害进行控制。避免类似情况再次出现的要求——例如有关部门发现网络服务被滥用于传播淫秽视频而要求服务提供者避免类似状况再次出现，本质上也是一种一般性的监管义务，在排除范围之内。排除这种一般性的监管义务是考虑到服务提供行为的纯技术性、自动性以及被动性等特征，服务提供者既不能了解其传输和储存信息的具体情况，也无法对所要传播和储存的信息进行控制。另外，《电信媒体法》设置了独具特色的丧失保护权利的情形。原则上，当服务提供者背离其纯粹技术性、自动性、被动性的角色特性时，则不再享有责任特权。对于信息传输和缓存行为而言，当服务提供者与用户存在共谋时不再

① § 7 Abs. 2 Telemediengesetz.

② Spindler/Schuster. Recht der elektronischen Medien, § TMD7. Rn 30.

受到特权规则的保护。① 这种限制也从侧面表明，仅仅是对违法信息的明知并不足以影响特权规则对信息传输以及缓存的保护，换言之，不应根据对于违法信息或者行为的明知追究服务提供者的刑事责任。而对于信息储存行为而言，当用户隶属于网络服务提供者或者为其监督时，网络服务提供者不再受到保护。② 此处的隶属近似于雇佣者与被雇佣者之间的关系，而监督是指行为上的监督而非信息内容的监督，正如学校对学生的监督。③ 保护特权的丧失是因为服务提供者与用户之间存在的某种程度内容性影响的紧密关系，这种关系致使服务提供者偏离了纯粹的技术性角色。

从整体上来看，《电信传媒法》中的责任规则从两个方面限制了网络服务提供者的刑事责任，一是肯定了网络服务中的信息传输、缓存、储存等特定技术行为的社会相当性，二是限制了网络服务提供者对于储存的违法信息的作为义务。而这种限制功能是在构成要件层面实现的，确切地说，“这些规则限制了命令规范与禁止规范并且因此可以解释为刑事行为规范的构成要件限制性组成部分”。④ 可以说，这些保护规则对于可能涉及的刑法规范来说，就如填充规范之于空白规范。那么，在根据刑法分则的具体罪名认定网络服务提供者刑事责任之前，应该预先根据这些“责任过滤”规则来判断相关行为是否是受到保护的技术服务行为，如果这些行为符合保护规则的构成要件则享有责任特权而不被追究刑事责任。反之，才需要依据具体罪名进一步判断是否符合相关构成要件且具有违法性和有责性。

（三）比较分析

美国和德国所采用的两种保护规则模式首先引出的问题是，究竟

---

① § 8 Abs. 1 Satz 2 Telemediengesetz; § 9 Satz 2 Telemediengesetz.

② § 10 Abs. 2 Telemediengesetz.

③ Vgl. Sieber. Allgemeine Grundsätze der Haftung Teil 18. 1 Rn 92.

④ Sieber. Allgemeine Grundsätze der Haftung Teil 18. 1 Rn 21.

哪种保护模式更有优势？根根不同信息内容而设立的保护规则考虑了信息内容的特殊性更具有针对性，而一般性的平行保护规则具有普遍的保护效力，降低了网络服务提供者的合规成本，两者都具有一定的合理性。其实两者并不是必然相互排斥的，在确立一般性保护规则的基础上，仍然可以根据某一类信息内容的特殊性进行个别领域的调整。从逻辑上看，一般性保护规则处于基础性地位，应该先确立一般性的保护规则然后再根据需要进行个别领域的调整。故美国学者指出，“(美国）拼凑的安全港是一个意外的结果，而不是有意的设计”。① 相比较之下，缺乏标准化的一般保护规则确实会导致一些更为严重的问题。由各种的特殊性保护规则构成的体系难免存在保护的空白，可能导致网络服务提供者在相同的情形中无法受到保护。正因如此，原本针对诽谤性言论的《通讯规范法》在实践的适用被扩大到其他非法信息内容。再者，设立精细区分的保护规则是一个复杂的工程，需要漫长的过程和巨大立法资源的投入，不能及时给予网络服务提供者以及时的保护。

从保护的程度来看，《通讯规范法》、《电讯传媒法》、《数字千年版权法》的保护力度依次减弱。《通讯规范法》几乎给予服务提供者全面的免责，特别是免除了服务提供者删除违法信息的义务。这一保护超出了合理范围，并且导致网络服务提供者对于其网络中的违法甚至某些严重的犯罪性信息采取不作为态度。为此 2013 年 47 个州的检察长联名致信国会，要求删除《通讯规范法》中对于州刑法的限制，② 2017 年美国议员 Claire McCaskill 因为 Backpages 网站中的色情广告以及性交易等问题也呼吁对《通讯规范法》进行修正③。同时，

---

① Mark A. Lemley, *Rationalizing Internet Safe Harbors*, 6 J. On Telecomm. & High Tech. L. 101,107 (2007).

② https://www.eff.org/files/cda-ag-letter.pdf.

③ https://inforrm.org/2017/01/20/united-states-congress-to-weaken-section-230-of-the-communications-decency-act-ed-klaris-alexia-bedat/.

许多美国学者也认为这种保护过于宽泛而提出了调整方案，建议在《通讯规范法》中补充通知—删除的机制①，当服务提供者没有执行法院关于移除相关内容的命令时不再受到保护②；修改对州刑法的限制部分，以保证州刑法的可执行性③。相反，《电讯传媒法》以及《数字千年版权法》都保留了网络服务提供者移除网络中违法信息的义务，此处义务的不履行并不意味着责任的承担而仅仅意味着保护特权的丧失。进一步来看，《数字千年版权法》保护的门槛更高，通知—删除机制并不能完全帮助服务提供者排除责任，因为在此之前还需要满足一般性的总体要求（如对反复侵权者停止服务），以及其他具体前提性要求（如没有获得可以直接归功于侵权活动经济性收益）。而这些条件经常会将服务提供者拒之门外，例如法院曾因为音乐分享软件没有执行对反复侵权者停止服务的政策而拒绝给予其保护。④ 另外，没有获得可以直接归功于侵权活动的经济性收益这一要求，其本身表述比较模糊，许多法院都在有意回避这一前提，而且美国学者出于其对保护规则不当限制的考虑也主张删除该规定。⑤ 相比较之下，

---

① See Corey Omer, Intermediary Liability for Harmful Speech: Lessons From abroad. 28 Harv. J. L. & Tech. 289,316 (2015); Amanda Bennis, Realism about Remedies and the Need for a CDA Takedown: A Comparative Analysis of 230 of the CDA and the U. K. Defamation Act 2012,27 Fla. J. Int'l L. 297,319 (2015).

② See Andrew P. Bolson, Flawed but Flixable: Section 230 of the Communication Decency Act at 20,42 Rugers Computer & Tech. L. J. 1,16 (2016).

③ See Vanessa S. Browne-Barbour, *Losing Their License to Libel: Revisiting Sec. 230 Immunity*,30 Berkeley Tech. L. J. 1505,1553 (2015).

④ See David P. Miranda, Safe Harbor Provisions of DMCA Denied in Napster Copyright Infringement Case,18 GPSolo 56,57 (2001).

⑤ See Jonathan Gosnell, Keeping the Internet Free: Why the DMCA's Safe Harbor Provision Should be expanded to Help Curb Over Regulation of Content by Removing the financial Benefit with Right and Ability to Control Exclusion. 84 Supra 233,258-259 (2015).

《电讯传媒法》在简化限制性前提条件的情况下，保留了通知—删除免责机制的主要内容，更有利于保护规则功能的发挥。

从保护的行为类型来看，《数字千年版权法》与《电讯媒体法》都规定了具体的行为类型，包括信息传输、缓存、储存三种技术行为。除此之外，《数字千年版权法》还单独规定了对信息定位工具的保护，信息定位工具主要是指搜索引擎服务以及设置链接的行为。《通讯规范法》并没有规定所要保护的技术行为种类，而是采用一种较为宽泛的概括方式进行保护——禁止将服务提供者视为他人内容的发布者。从司法实践来看，这并不影响其对于上述四类技术行为的保护，甚至还体现出更灵活的保护张性。但由于制定的时间较早，这些规则在新技术的保护上都存在局限性。以机器学习算法的应用为例，网络服务提供者在收集用户信息（例如曾经的选择、对特定内容的评价等）的基础上，通过特定算法将符合用户偏好的内容、具有共同爱好的人或者群体、用户可能喜欢的商品等相关信息有针对性地推送给特定用户。机器学习算法并不像传统的计算机程序一样按照程序员预设的指令逐步执行，而是在吸收信息的基础上进行推理分类，基于程序员设定的更为长远的目标而运行，在执行过程中不断进行试错、自我学习直至达到目标。① 这种机器学习算法主导的技术活动已经明显超出了《电讯传媒法》和《数字千年版权法》中规定的信息传输、缓存、储存以及定位工具等被动性技术行为的范畴，因而无法受到保护。《通讯规范法》由于没有涉及具体的技术行为类型而保留了相对灵活的保护可能性，但这种保护是不确定的。不确定的保护仍然无法使服务提供者处于安全状态。机器学习算法这种新技术的保护需求是明显的：自我学习的能力使得程序的运行脱离服务提供者以及程序员控制，运行结果难以得到保证——这意味着程序运行的法律风

---

① See Catherine Tremble, Wild Westworld: Section 230 of CDA and Social Network's Use of Machine-learning Algorithms, 86 Fordham L. Rev. 825, 837 (2017).

险也难以预测。例如 Facebook 所采用的机器学习算法，致使恐怖主义组织能够向那些更容易受到信息影响的、更倾向于实施恐怖活动的人更有效地传播煽动信息，Facebook 也因此而遭到起诉。① 由此可见，当前的保护规则有必要扩展其保护的行为类型，以适应新技术的保护需求。

通过对不同模式的网络服务提供者的保护规则比较，至少可以得出以下四点原则性结论：第一，有必要建立具有一般适用性的总则性保护规则；第二，保护规则要均衡服务提供者的利益与用户和社会公众的利益，至少需要保留服务提供者处置违法信息的义务；第三，对于服务提供者的保护是有条件的，但是过于复杂的前提条件会影响保护功能的发挥；第四，为了适应网络技术快速发展的特征，服务提供者的保护规则必须具有容纳新技术的能力。

四　构建与融合——我国网络服务提供者保护规则的完善

网络服务提供者的保护规则是互联网法律体系不可或缺的组成部分，因此我国立法上的空白亟须弥补。其他国家在立法上所采用的保护模式和方法为我国提供了一定程度的指导：例如借鉴其成熟的经验和模式，建立可以适用于各种违法信息的保护规则以及采用通知—删除的机制；避免其立法上的失误和不足，采取对服务提供者的有条件免责制度，同时注意限定条件的设定等问题。更为重要的是，不论针对网络服务提供者的保护规则在立法上设计得如何成功，其是否能融入我国本土法律环境才是关键。

（一）设立具有一般适用性的网络服务提供者保护规则

从顶层设计来看，网络服务提供者保护规则要尽可能兼顾网络中

① See Racheli Cohen v. Facebook, Inc., Nos. 16-CV-4453 (NGG)(LB), 16-CV-5188(NGG)(LB), 2017WL 2192621, at (E. D. N. Y. May 18, 2017).

各方参与者的利益。保护规则的首要目的在于避免由于技术特性与法律评价之间的冲突而导致网络服务提供处于不确定的法律状态，因此需要对其业务活动以及所采用的技术行为给予明确的法律保护。另外，也不应忽视对用户权利的保护。应保留服务提供者删除侵害用户权利信息的义务，这主要是考虑到服务提供者基于对设备的控制而对信息具有排他的控制权。此时需要平衡两方面的冲突：一是国家要求服务提供者尽可能多地处理网络中的违法信息与服务提供者技术能力以及经济成本之间的冲突；二是网络服务提供者对可能的违法信息的处理与用户言论自由、隐私等权利之间的矛盾。这些利益的平衡需要通过恰当的规则设计来实现。

基于服务提供者保护和利益平衡，首先应免除网络服务提供者的一般性监控义务。在这个问题上，《通讯规范法》、《数字千年版权法》、《电讯媒体法》基本保持了相同的态度，禁止对网络服务提供者施加一般性监控义务。① 这种一般性的监控义务主要是指要求网络服务提供者主动去寻找网络中的违法信息。《数字千年版权法》以及《电讯媒体法》都从两个层面描述了这种监控义务：对其传输、储存等业务活动中涉及的信息进行监控或者对于可能存在违法信息的情形进行调查。由于网络中传输的数据量过于庞大，信息的监控义务一方面会给服务提供者带来巨大的经济成本，另一方面也难以判断义务的履行，因为服务提供者无法发现所有的违法信息，而且每时每刻都会有新的违法信息出现。

其次，应该给予网络服务提供者的正当技术行为以有条件的保

① See 17 U. S. C. § 512(m)(1)；§ 7 Abs. 2 TMD；《通讯规范法》虽然没有作出明确规定，但是存在判例否定了一般性监控义务。“§ 230 proscribes liability in situations where an interactive service provider makes decisions ‘relating to the monitoring, screening, and deletion of content from its network- actions quintessentially related to publisher's role.” See Dennis Obado v. Ed Magedon, No. 14-3584(3d Cir 2015).

护，建立“一般性原则—具体行为类型—例外情形”的保护框架。德国和美国对网络服务提供者技术行为进行保护的基本原则是该行为具有自动性、纯粹技术性以及被动性。但是随着网络技术的发展，尤其是人工智能技术的产生，被动性要求在许多情况下都明显不合理，故应该设立被动性要求的例外规定。例如，《数字千年版权法》和《电讯媒体法》中对信息传输行为的保护都以服务提供者没有主动发起传播、没有选择传输的材料、没有选择传输的对象为条件。但目前机器学习算法已经得到广泛的应用，针对个别用户主动推送内容已并不罕见。所以在原则上，虽然服务提供者的技术行为不再具有被动性特征，但当这种主动性是在自动性和纯粹技术性程序基础上实现的，仍然应该受到保护。从保护的行为类型来看，目前主要包括信息传输、缓存、储存以及信息定位工具的使用。但是考虑到网络技术发展的速率，应该对行为类型采取开放式的规定，增加“其他自动性、技术性、被动性的技术行为”的情形。就丧失保护的情形来说，限制条件应该简单明确。因此可以借鉴《电讯传媒法》中的规定，对于网络服务提供者的积极业务行为，只有存在共谋时，才丧失受到保护的权利，对于违法信息或行为的明知并不是承担责任的充要条件；而对于储存或者缓存的信息，如果网络服务提供者在知情后没有立即采取处置措施，也会丧失受到保护的权利。此处的知情需限定为对具体、个别违法内容的明知，并且足以给服务提供者明确的指示来处置违法信息。

关于违法信息的移除还存在两个较为棘手的问题，一是网络服务提供者知情的认定，设置较高的明知标准虽然有利于保护服务提供者，但无法督促服务提供者处置网络中的违法信息；二是对于用户表达自由的保护，网络服务提供者在处理违法信息时可能会存在扩大处置范围的倾向。对此，笔者认为有必要借鉴德国不久前通过的《网络执行法》（Netzwerkdurchsetzungsgesetz）中的网络服务提供者合规规则，作为与保护规则配套实施的制度。补充以下三方面关于网络服务提供者的规定：第一，限定违法信息的范围，将其与刑法中具体罪名的构成要件相联系，明确违法信息的类型①；第二，设定网络服务提供者的报告义务，要求其按照规定的时间期间（例如半年）在自己网站主页或者相关管理部门的网站公布对于非法内容的举报的处理情况②，报告应包括报告期间接到的针对违法信息的投诉总数以及其中移除或禁止访问的信息的数量等内容③；第三，要求网络服务提供者维持透明有效的违法信息处置机制，并且为用户提供直接简便的违法信息投诉通道以及移除用户信息的通知和申诉机制④。

最后，对于网络服务提供者的概念，应该采取概括的定义方式。现存的保护规则都对网络服务提供者采取了抽象的定义方式。例如，《通讯规范法》将服务提供者定义为“向用户提供计算机服务器接入或者使用户能够接入计算机服务器的信息服务、系统、接入提供者”;⑤《数字千年版权法》将服务提供者定义为“在用户指定的节点之间，为用户选择的材料提供传输、路由或者为在线数字网络通讯提供连接的实体”⑥；《电讯传媒法》将网络服务提供者的核心特征描述为“准备自己或者他人的电信服务以供使用或者提供对于这些服务的接入”⑦。从保护的角度出发，宽泛的定义可以将更多类型的互联网企业纳入保护范围之内。有学者对服务提供者的模糊定义提出反对：“服务提供者这一概念本身是极为宽泛的，如不对其进行进一

① § 1 Abs. 3 Netzwerkdurchsetzungsgesetz.

② § 2 Abs. 1 Netzwerkdurchsetzungsgesetz.

③ § 2 Abs. 2 Nummer 3,7 Netzwerkdurchsetzungsgesetz.

④ § 3 Abs. 1 Netzwerkdurchsetzungsgesetz.

⑤ 47 U. S. C. 230 § (f)(2).

⑥ 17 U. S. C. § 512(k)(1)(A).

⑦ § 2 Abs. 1 Nummer 1 Telemediengesetz.

步的类型化区分，其责任认定必然难以精确”。① 但实际上并不存在单纯的内容、接入、缓存或者储存提供者。任何一个互联网企业都是提供一种综合性服务，包括信息的传输、缓存、储存以及其他更为复杂的技术程序。传输、缓存以及储存的功能性区分只是分析其责任的切入点而不是作为类型区分的依据。

（二）我国法律环境下网络服务提供者保护规则的展开

根据互联网的层级性特点，互联网立法可以分为三个层面：第一层面是围绕互联网关键基础设施的立法，第二层面是关于构建在关键基础设施上的网络服务提供者的立法；第三层面是关于网络服务中涉及的用户和用户信息的立法。② 网络服务提供者的保护规则主要涉及服务提供者特殊权利，因此应归于第二个层面。我国这一层面的法律规范仅有正处于审议状态的《电子商务法》，但是《电子商务法（草案)》的第二条将电子商务限定为“通过互联网等信息网络进行商品交易或者服务交易的经营活动”，如果将网络服务提供者的保护规则定位于《电子商务法》会限制其保护功能的效力范围。除此之外，《网络安全法》、《全国人民代表大会常务委员会关于加强网络信息保护的决定》（以下简称《信息保护决定》)、《全国人民代表大会常务委员会关于维护互联网安全的决定》（以下简称《互联网安全决定》）虽然不是针对网络服务提供者层面的立法，但是都涉及这一层面的规定。特别是《网络安全法》，依照关键基础设施、网络服务、用户信息的层级结构展开，较为全面且详细规定了网络服务提供者的各种责任。而且，考虑到《网络安全法》的效力层级以及一般适用性，可以将关于网络服务提供者的保护规则补充到其中的第六章“法律责

---

① 王华伟：《网络服务提供者的刑法责任比较研究》，《环球法律评论》2016 年第 4 期。

② 周汉华：《互联网立法结构与基本规律之探讨》，http://www. iolaw. org. cn/showArticle. aspx? id=5074。

任”部分。这样既能保证体系上的协调，也可以最大限度地发挥保护规则的作用。

网络服务提供者保护规则的立法补充会对我国法律规范体系性产生以下两点影响：

第一，明确我国行政法中关于网络服务提供者义务的规定。《网络安全法》第 47 条规定，“网络运营者应当加强对其用户发布的信息的管理，发现法律、行政法规禁止发布或传输的信息的，应当立即停止传输该信息，采取消除等处置措施，防止信息扩散，保存有关记录，并向有关主管部门报告”。除此之外，《信息保护决定》第 5 条、《互联网安全决定》第 7 条、《互联网信息服务管理办法》第 16 条、《计算机信息网络国际联网安全保护管理办法》第 10 条第 6 项都存在类似的表述。此处的“发现”原本既可以解释为通过积极主动的寻找之后发现，也可以解释为消极被动性的发现，但如果确立了网络服务提供者不具有一般性监控义务的基本原则，此处的“发现”只能解释为被动性地对违法信息的知情。进一步来看，《刑法》第 286 条之一中的信息网络安全管理义务的内涵也可以得以明确。从“致使违法信息大量传播的”的危害情形来看，法律、行政法规所规定的信息网络安全管理义务仅仅是指在被动性地了解到违法信息的存在而采取相关的处置措施。这样看来，快播案件中法院对于信息网络安全管理义务的解释并不准确，在认定快播拒不履行网络安全管理义务的判决书第四部分，法院认为“快播公司控制着每一台缓存服务器，能够轻易调取所存储的视频进行随机审查，可以轻易判断和批量删除缓存服务器内的淫秽视频，但快播公司并没有做这种后台审查工作”①，而实际上这种主动审查并不属于信息网络安全管理义务的范畴。

第二，限制个别刑法罪名的适用范围。《刑法》第 287 条之二规

① 参见深圳市快播科技有限公司及王欣等传播淫秽物品牟利案〔2015〕海刑初字第 512 号。

定，“明知他人利用信息网络实施犯罪，为其提供互联网接入、服务器托管、网络储存等技术支持，或者提供广告推广、支付结算等帮助，情节严重的，处三年以下有期徒刑或者拘役……”但如果网络服务提供者的技术行为符合保护规则所要求的相关条件，仅仅对于犯罪活动或者信息的明知并不能使其丧失受到保护的权利，在这种情况下排除《刑法》第 287 条之二对于网络服务提供者的适用性。同理，这种排除情形还包括第 264 条诽谤罪、第 266 条诈骗罪、第 303 条开设赌场罪、第 363 条传播淫秽物品牟利罪、第 364 条传播淫秽物品牟利罪。因为在相关司法解释中都存在着“明知+帮助”的入罪解释，要么将此类行为认定为该种犯罪行为的共同，要么直接认定为犯罪的实行行为。在上述情形中，如果网络服务提供者的行为符合保护责任的要求，即属于保护规则中描述的技术行为，则可以直接否定该行为的构成要件符合性。

（本章的内容曾以“论网络服务提供者的保护规则——以刑事责任的限制为视角”为题发表在《北方法学》2019 年第 2 期；本书对内容略有修改。）

第三章　网络服务提供者的合规规则

一　问题的提出："通知—删除"机制本土化的"水土不服"

面对通过共同犯罪、不作为犯等传统刑法理论解决网络服务提供者关于第三方违法内容的刑事责任问题所存在的局限性以及由此所引发的混乱，我国立法者将目光转向网络服务提供者责任的特殊规则。为此，《刑法修正案（九）》增设了拒不履行信息网络安全管理义务罪，明确了网络服务提供者的责任主体地位，试图消除法律上的不安定性，以给予网络服务提供者更为明确的指引。

拒不履行信息网络安全管理义务罪规定："网络服务提供者不履行法律、行政法规规定的信息网络安全管理义务，经监管部门责令采取改正措施而拒不改正，有下列情形之一的，处三年以下有期徒刑、拘役或者管制，并处或者单处罚金：（一）致使违法信息大量传播的；（二）致使用户信息泄露，造成严重后果的；（三）致使刑事案件证据灭失，情节严重的；（四）有其他严重情节的。"

从形式上看，拒不履行信息网络安全管理义务罪借鉴了最早的网络服务提供者的特殊责任规则——美国《数字千年版权法案》（Digital Millennium Copyright Act）中的"通知—删除"规则。不同的是，其并没有全部移植“通知—删除”规则的实质内容，例如关于违法信息种类、通知与反告知程序、涉事内容的处理流程等方面的规定。简言之，我国关于网络服务提供者的刑事立法借鉴了经典的责任规则框架，但在具体规定方面存在空白。

可以说，拒不履行信息网络安全管理义务罪虽然提供了一个明确的归责思路，但却使责任认定陷入另一种不明确之中。特别是拒不履行信息网络安全管理义务罪还采用空白罪状的描述方式——本身并未说明何为信息网络安全管理义务，而是需要参照法律、行政法规的相关规定，这使责任规则的具体内容更为模糊。而且，作为我国网络基本法的《网络安全法》以及其他涉及互联网的相关法律、行政法规都没有对信息网络安全管理义务进行明文规定。在这种情况下，信息网络安全管理义务的内容尚有待明确。

根据该罪所规定的三种情形，信息网络安全管理义务可能包含三个子义务。① 从侵犯信息权犯罪的角度来看，“致使违法信息大量传播的”是分析信息网络安全管理义务的重要出发点。可是作为义务基础的“违法信息”的外延并不明确。而且显然不可能将所有的违法信息纳入网络服务提供者的处理范围之内。所以，信息网络安全管理义务的范围也是不清晰的。

即使根据关于信息网络安全管理义务的立法措辞以及该罪所规定的情节，可以大致地推测该义务的主要内容是涉及违法信息的删除，但我国的法律、行政法规中关于网络服务提供者处理违法信息的规定普遍较为笼统，无法为刑法中的相关规定提供有力的支撑。以《网络安全法》为例，其第 47 条规定：“网络运营者应当加强对其用户发布的信息的管理，发现法律、行政法规禁止发布或者传输的信息

---

① 本章只从“导致违法信息大量传播”的角度讨论信息网络安全管理义务。如无特殊说明，文中的信息网络安全管理义务仅指与处置违法信息相关的义务。

的，应当立即停止传输该信息，采取消除等处置措施，防止信息扩散，保存有关记录，并向有关主管部门报告。”此处所没有说明的是，网络服务提供者应如何判断用户信息的违法性，以及如何从程序上保障用户的信息自由。更为重要的是，信息网络安全管理义务是否仅包括停止传输或者删除所发现的违法信息，还是也包括避免该违法信息进一步扩散。除此之外，并不是所有的与违法信息传播结果具有因果关系的义务都应该上升为刑法上的义务，此时还应该考虑网络服务提供者是否具有履行义务的实际能力。

那么，由于信息网络安全管理义务本身并不明确，监管部门也难以认定网络服务提供者是否履行了义务。认定标准不明确，则意味着监管部门具有更大程度的自由裁量权，这可能会同时导致两种极端情况的出现：如果对于认定标准的把握过于宽松，会无法促使服务提供者进行有效的自我管理；不清晰的义务标准也可能成为监管部门压迫服务提供者的工具，严重干涉其业务自由。在这种情况下，监管部门责令改正的内容相应地也缺乏明确性。虽有学者从责令主体、监管权限、改正期限、通知内容等程序方面的要求对“责令改正”进行解释，但是并没有具体论及责令改正所涉及的改正行为及其限度问题。①

总的来看，借鉴“通知—删除”特殊责任规则来处理网络服务提供者责任的思路是正确的。拒不履行信息网络安全管理义务罪依靠法律、行政法规来明确其构成要件的做法也无可厚非，但是由于相关规定本身并不明确，而且两者之间的衔接也不紧密（法律、行政法规并没有明确界定“信息网络安全管理义务”），故拒不履行信息网络安全管理义务罪尚处于模糊之中，从而影响了其在司法实践中的适用性。立法者原本希望通过拒不履行信息网络安全管理义务罪建立治

① 赖早兴：《论拒不履行信息网络安全管理义务罪中的“经监管部门责令改正”》，《法学杂志》2017 年第 10 期。

理网络犯罪的合作模式，“意在通过监督管理责任的引入，促进网络服务提供者切实履行安全管理义务，保障网络安全和网络服务业的健康有序发展”①。而正是由于安全管理义务内容的不明确性，立法上所希望贯彻的刑事合规理念难以得到贯彻。因此，当务之急是在相关法律、行政法规的基础上构建具体化的网络服务提供者合规规则体系，并使之与拒不履行信息网络安全管理义务罪顺畅衔接，以弥补该罪罪状在明确性方面的不足。

二　全新的解决思路：德国《网络执行法》中的合规规则

就网络服务提供者的责任规则而言，德国早前处于与我国相似的情形之中。在美国制定《数字千年版权法案》之后，欧盟仿照该法案制定了《电子商务指令》（Directive on electronic commerce），而德国作为成员国将其转化为国内法——《电信服务法》（Teledienstgesetz）。《电信服务法》虽然经过一次修正并与《国家媒体服务协议》（Mediendienste-Staatsvertrag）合并［合并后称为《传媒服务法》（Telemediengesetz）］，其仍然保留了类似《数字千年版权法案》的主要责任框架。

德国同样没有完全借鉴“通知—删除”规则的具体内容，只是笼统地规定服务提供者在获悉违法信息后应立刻采取措施删除或者屏蔽违法信息。② 近年来，德国立法者认为“现有的机制以及社交网络的自律无法充分发挥作用，并且在执行相应法律方面存在重大问题”，故于2017年9月1日颁布了《改进社交网络中法律执行的法案》（Gesetz zur Verbesserung der Rechtsdurchsetzung in sozialen Netzwerken），简称《网

① 李本灿：《拒不履行信息网络安全管理义务罪的两面性解读》，《法学论坛》2017年第5期。

② Vgl. TMD §10.

络执行法》(Netzwerkdurchsetzungsgesetz, NetzDG)。① 《网络执行法》针对立法借鉴上存在的空白而提出的解决方案是在德国现有法律体系内嵌入网络服务提供者的合规规则，以实现对于违法信息的快速有效处理。德国学者指出，《网络执行法》并没有规定一个新的删除义务，而是要求网络服务提供者自己监督“通知—删除”机制的履行状况，将该机制进行有效的具体化并且对执行的状况进行报告。② 可以说，德国《网络执行法》所采取的措施正是我国行政法中关于网络服务提供者义务规定的有待完善之处。

新的立法将德国所借鉴的服务提供者责任规则引向了另一个方向——《数字千年版权法案》在多数情况中只是简单地要求服务提供者机械性地根据权利人的通知来暂时删除或者屏蔽相关内容，而《网络执行法》更多要求服务提供者对相关信息的违法性进行判断并在此基础上采取相应的处置活动。德国联邦部长 Zypries 将这种倾向描述为“执法的私人化”(Privatisierung der Rechtsdurchsetzung)。德国学者也认为：“《网络执行法》所采取的措施是全新的，其并未与国外其他的既存措施相联系。相反，德国政府希望通过《网络执行法》建立一个创新性的合规系统。”③ 《网络执行法》的核心内容主要包括三个方面：界定违法性内容的主要范围（第一条第三款）、在特定期限内删除违法内容的投诉处理机制（第三条）、关于处理特定投诉内容的法定报告义务（第二条）。

（一）违法内容的范围

“违法内容”(Rechtswidrige Inhalte) 是《网络执行法》中的基

---

① BT-Drs. 18/12356, S. 11.

② Vgl. *Bernd Holznagel*, Phänomen, Fake News - Was zu tun? Ausmaß und Durchschlagskraft von Desinformationskampagnen, Multimedia und Recht 2018, 18,21.

③ *Bernd Holznagel*, Das Compliance-System des Entwurfs des Netzwerkdurchsetzungsgesetzes—Eine Kritische Bestandsaufnahme aus internationale Sicht, Zeitschrift für Urheber- und Medienrecht 2017, 615.

础概念，该法所设立的广泛的合规义务都是以违法内容为主要对象。《网络执行法》第一条第三款对“违法内容”作出如下界定：“违法内容是指第一款意义上，充足刑法典第 86、86a、89a，91，100a，111，126，129 至 129b，130，131，140，166，184b 及与此相对的 184d，185 至 187，201a，241 以及 269 条构成要件且不具有违法阻却性的内容”。① 《网络执行法》通过列举刑法分则的构成要件来明确哪些内容是合规义务的对象，以便网络服务提供者能够更准确地定位并进行处理。借用刑法分则的构成要件来界定违法内容是一个极具创新性的思路，通过刑法中较为精细的描述来定义具有危害性的内容，既节省了立法资源，又可以保证法律规则之间的连贯性。

其不足之处在于，《网络执行法》并没有处理好其所界定的“违法内容”与刑法构成要件之间的关系。“违法内容”这一全新术语是《网络执行法》与刑法的连接点，此处的“违法”并非我国法律语境下的“违法”，而是指德国刑法中构成要件符合性、违法性以及有责性三阶层体系中的“违法”。然而，“违法内容”这一新创造的术语与德国刑法教义学及其措辞是相背离的，因为内容本身并不可以是违法的或者具有违法阻却性，罪责以及违法性的法律基础是指人的行

① Netzwerkdurchsetzungsgesetz §1 abs. 3. 上述构成要件所依次对应的德国刑法罪名是：86（散布违宪组织之宣传物品）、86a（使用违宪组织之标示）、89a（预备犯严重危害国家之暴力犯罪），91（指导违犯严重危害国家之暴力犯罪），100a（叛国之伪造罪），111（公开煽动犯罪），126（恐吓犯罪破坏公共安全），129 至 129b（建立犯罪组织、建立恐怖性犯罪组织、境外之犯罪与恐怖组织），130（煽动民族罪），131（描绘暴力行为之罪），140（酬谢与赞同犯罪行为之罪），166（辱骂信仰、宗教团体与世界观团体罪），184b（散布儿童色情刊物）及与此相对的 184d（借由电信媒体开放儿童及青少年色情内容），185 至 187（侮辱罪、诽谤罪、诋毁罪），201a（以录像侵害最私密之生活领域），241（恐吓罪）以及 269（伪造有证明重要性之电子资料罪）。

为，而非与此相对的行为客体，如文本或者媒体性展示。① 此外，在草案的理由说明中，其解释也与立法原文存在出入："此处所包含的仅仅是充足一个或者多个第三款中提及的刑法构成要件且违法的行为，但这些行为并不是必须是以有责的方式实施的"（立法原文的表述是"充足构成要件且不具有违法阻却性的内容"）。② 正是由于立法原文与理由说明之间的冲突，"违法内容"这一新提出的术语所表达的含义并不清晰。对此，德国学者存在两种理解：一是认为《网络执行法》规定了与刑法不同的自成体系的违法性概念，内容的违法性仅仅需要参照所提及的犯罪行为的记叙性行为客体要素（deskriptiven Tatobjektsmerkmale）。对此，客观的可罚性（objektive Strafbarkeit）的检查就已经足够。换言之，只需要考虑所列举的犯罪行为的客观构成要件。这并没有完全切断违法性与刑法的联系，因为决定内容违法性的仍然是与行为有关的刑法规范的构成要件符合性③；二是认为违法性内容只能以符合构成要件行为的存在为基础，这意味着所列举的犯罪行为的主观和客观构成要件都必须被满足。④

相比较而言，第一种理解更为合理。因为关于"违法内容"条款的立法理由表明，"（《网络执行法》）草案的目的并不在于对社交网络中违反现行法律的内容条目进行国家层面的反应"。⑤ 也就是说，该法并不意在追究违法内容发布者的责任。其之所以创制"违法内容"这一新概念并围绕其列举相关的刑事构成要件，是希望规范网

---

① Vgl. *Liesching*, Was sind rechtwidrige Inhalte im Sinne des Netzwerkdurchsetzungsgesetzes? Zeitschrift für Urheber- und Medienrecht 2017, 809,810.

② BT-Dr. 18-12356, S.19f.

③ Vgl. *Höld*, Das Vorabentscheidungsverfahren nach dem neuen NetzDG, Multimedia und Recht 2017, 791,792.

④ Vgl. *Guggenberger*, Das Netzwerkdurchsetzungsgesetz in der Anwendung, Neue Juristische Wochenschrift 2017, 2577,2578.

⑤ BT-Drs. 18/12356, S. 19.

络服务提供者打击仇恨言论以及虚假信息的行为，为其提供明确的指导。最终目的在于消除网络中的违法内容。所以，是否存在用户的传播、发布等行为以及故意等主观构成要件并不重要。反之，如果以上述要素作为认定违法内容的条件则会导致不合理的情况出现。例如，某用户在未浏览视频内容的情况下只是根据标题认为内容合法并且转发，但实际上视频内容与标题无关且属于儿童色情。根据德国刑法184b散布儿童色情刊物的规定，其主观构成要件至少具备间接故意，而且文本的内容必须被包含在故意之内。① 如果因为无法认定故意传播的行为而不将儿童色情视频认定为《网络执行法》意义上的违法性内容，会致使服务提供者没有权限处置这种具有严重危害性的内容。

所以，可以认为《网络执行法》中的违法内容及其违法性与德国刑法教义学中的违法性并不相同。但这并不意味着两者是完全相互冲突的。《网络执行法》中的违法性判断是刑法基础上的缩减，其判断的对象只涉及行为客体要素。

（二）关于违法内容的投诉管理机制

违法内容投诉的管理机制是《网络执行法》的核心内容，其不仅细化了网络服务提供者处理违法内容的流程，而且还建立一个较为复杂、意在保障违法内容能够有效得到处理的辅助性义务体系，即一个合规的义务系统。正如立法理由所述："在第三条中所规定的规则仅仅在于保证、删除或者屏蔽违法内容的法定义务能够被快速且全面地执行"。② 管理机制的意义纯粹在于细化、诠释服务提供者的删除义务，并为其执行提供保障条件。从整体来看，管理机制主要包括三部分，即关于违法内容投诉的获取、相关内容的处理以及处置的组织性保障。

---

① Vgl. *Fischer* StGB，§184b，63. Auflage，2016，Rn.40.

② BT-Dr. 18-12356，S. 22f.

首先，为了保障用户的投诉渠道，《网络执行法》要求服务提供者必须设立用户友好的投诉提交机制。具言之，“服务提供者必须向用户提供容易识别、可直接访问且持续有效的关于违法内容投诉的提交程序”。① 在此基础上，该程序必须保证服务提供者能够迅速地了解投诉的情况，以便对投诉所涉及的内容进行检查，并决定是否需要删除或者屏蔽相关内容。②

其次，就关于违法内容的投诉而言，《网络执行法》并不仅仅细化了相关的处置流程，而是以违法内容的处理为核心，设立了一系列具有高度关联性的义务。第一，明确了违法内容删除的期限以及特殊情况，网络服务提供者通常应该在接收到投诉之日起 7 日之内删除相关违法内容，而对于“明显的违法内容”则应该在 24 小时之内删除。③ 第二，为保障对可罚内容发布者的刑事追诉而设立了储存义务④，服务提供者应在删除违法内容的情况中对相关内容进行为期 10 周的储存。⑤ 第三，为保障用户有机会维护自己正当表达的权利而设定了通知义务，服务提供者应立即通知用户以及投诉者其处理决定，并对承受不利结果的一方说明理由。⑥ 第四，为了强化对服务提供者的监督而规定了记录义务，要求其对每一个投诉及所采取的矫正措施进行记录。⑦

最后，为了保障网络服务提供者具备处置违法内容的组织能力并且能够正常运作，《网络执行法》对于网络服务者的内部事务作出了具体规定：（1）网络服务提供者的领导小组必须按月对投诉的处理

① Netzwerkdurchsetzungsgesetz §3 abs. 1. S. 2.

② Vgl. Netzwerkdurchsetzungsgesetz §3 abs. 2. Nr. 1.

③ Vgl. Netzwerkdurchsetzungsgesetz §3 abs. 2. Nr. 2, Nr3.

④ Vgl. BT-Dr. 18-12356, S. 24f.

⑤ Vgl. Netzwerkdurchsetzungsgesetz §3 abs. 2. Nr4.

⑥ Vgl. Netzwerkdurchsetzungsgesetz §3 abs. 2. Nr5.

⑦ Vgl. Netzwerkdurchsetzungsgesetz §3 abs. 3.

情况进行检查；（2）处理投诉过程中存在的组织性缺陷必须及时被消除；（3）授权处理投诉的工作人员必须至少每半年进行培训。①

从整体来看，《网络执行法》将违法内容的处理机制扩展为一个义务系统而不再是简单的违法信息的删除，任何一个相关义务的不履行都可能触发处罚。相应地，违法信息的删除情况也不再是考察义务履行状况的唯一标准。立法材料表明，对于违法内容删除义务的一次性违反通常并没有满足构成要件，因为一次性的义务违反并不意味着服务提供者没有提供者有效的处理机制。② 所以，惩罚所针对的并不是存在缺陷的个案性判断，而是超越个案层面的系统性缺陷。③

对于这一合规系统，德国学者主要提出了以下几方面质疑：（1）立即了解投诉并且进行检查的义务超越了欧盟《电子商务指令》（Richtlinie über den elektronischen Geschäftsverkehr）第 14 条以及德国《电讯传媒法》（Telemediengesetz）第 10 条所确立的标准，后者只是要求网络服务提供者在（对违法内容）知情后必须立即采取行动。而对没有足够迅速知悉投诉的情形进行处罚意味着确立了“必须知道”（Kennen-Müssens）的义务④；（2）24 小时以及 7 天的刚性时间期限与《电子商务指令》为了有利于信息自由而没有规定时间期限的做法相冲突⑤；（3）“投诉管理机制所欲建立的激励制度之中存在一种

---

① Vgl. Netzwerkdurchsetzungsgesetz §3 abs. 4.

② Vgl. BT-Drs. 18/12356, S. 24.

③ Vgl. *Höld*, Das Vorabentscheidungsverfahren nach dem neuen NetzDG, Multimedia und Recht 2017, 791,792.

④ Vgl. *Liesching*, Die Durchsetzung von Verfassungs- und europarecht gegen das NetzDG, Multimedia und Recht 2018, 26,29.

⑤ Vgl. *Liesching*, Die Durchsetzung von Verfassungs- und europarecht gegen das NetzDG, Multimedia und Recht 2018, 26,29.

固有的删除的系统性倾向，该机制会导致‘寒蝉效应’”。① 也有学者将这种倾向描述为“存疑情形中的删除”（Löschung im Zweifelsfall）。② 具体而言，“网络服务提供者处于一种困难的境地——其在所有情况中都会选择删除或者屏蔽内容，因为在有保留违法内容的错误决定中会面临高达五百万欧元的罚款；而在删除用户内容的错误决定中仅仅需要面对合同性的请求，这种情形中所造成的损害从表面上是极其难以估量的。因此，当服务提供者被迫处于准法官的角色时，激励的方向设定是删除而非检查”。③（4）服务提供者缺乏判断内容违法性的条件。“就法律评价而言，实践所表明的是：大部分受到投诉的内容既不是明显违法也不是明显合法的，而是处于灰色地带。对此需要一个在法治国家中通常只有法院才有资格进行的深入且全面的法律检查（在侦查程序、法庭调查以及听取被告人供述之后）。④”尽管如此，网络服务提供者却必须在缺乏知情可能性以及缺乏法院可以利用的前置性侦查程序以及法庭调查等资源的情况下，作出类似法院的判断。⑤（5）就部分内容违法性的判断而言，有必要在具体情况中进行同等级法益之间的衡量，而投诉管理机制对此并没有予以程序法上的保障，因为投诉管理机制并没有强制规定，服务提供者在作

---

① *Guggenberger*, Das Netzwerkdurchsetzungsgesetz—schön gedacht, schlecht gemacht, Zeitschrift für Rechtspolitik 2017, 98,100; *Heckmann/Wimmers*, Stellungnahme der DGRI zum Entwurf eines NetzDG, Computer und Recht, 2017, 310,314.

② Vgl. *Liesching*, § 1 NetzDG, Rn25.

③ *Spindler/Gerald*, Der Regierungsentwurf zum Netzwerkdurchsetzungsgesetz－europarechtwidrig? Zeitschrift für Urheber－und Medienrecht 2017, 472, 481.

④ *Nolte*, *Georg*, Hate Speech, Fake News, das, Netzwekdurchsetzungsgesetz und Vielfaltsicherung durch Suchmachinen, Zeitschrift für Urheber－ und Medienrecht 2017, 552,556.

⑤ Vgl. *Nolte*, *Georg*, Hate Speech, Fake News, das,Netzwekdurchsetzungsgesetz und Vielfaltsicherung durch Suchmachinen, Zeitschrift für Urheber－und Medienrecht 2017, 552,558.

出判断之前必须征求发布相关内容的用户的意见。① 根据德国联邦宪法法院的判例所衍生出的原则，既不存在有利于言论自由的单方面优先权，也不存在有利于名誉保护或者公共安宁的单方面优先权，而是需要在具体情况中对不同的抽象法益进行比较。② 那么，在对冲突的法益进行比较时，代表冲突法益的双方——违法内容投诉者以及发布者，都有权利表达自己的意见并应作为服务提供者作出判断的重要参考。

（三）报告义务

立法者基于透明性要求在《网络执行法》中设立了服务提供者的报告义务，其目的在于使公众能够了解网络服务提供者处理违法内容的情况。此外，常规性的报告义务对于法律效果评估也是必要的，特别是对违法内容投诉处理状况的评估。③

报告义务要求网络服务提供者根据特定的标准，制作关于其处理违法内容的德语报告，并且每半年在联邦司法公报及自己的主页进行公开。④ 就具体要求而言，主要包括投诉数量以及处理情况的统计学说明，例如报告期间的投诉总量、（关于内容违法性判断）外部咨询的数量、实际删除或屏蔽的数量、删除或者屏蔽所用时间⑤；也包括负责处理投诉的团队的情况说明，例如投诉处理部门的体制、人员配备、专业和语言资质以及人员培训和监管状况、提交投诉的机制以及所采用的内容删除或者屏蔽的判断标准、向投诉者以及相关用户通知处理决定的措施⑥。除此之外，网络服务提供者还需要进行一般性的

---

① Vgl. Kalscheuer, Hornung, Das Netzwerkdurchsetzungsgesetz - Ein Verfassungswidriger Schnellschuss, NVwZ 2017, 1721, 1724.

② Vgl. Kalscheuer, Hornung, Das Netzwerkdurchsetzungsgesetz - Ein Verfassungswidriger Schnellschuss, NVwZ 2017, 1721, 1723.

③ BT-Drs. 18/12356, S. 20.

④ Vgl. Netzwerkdurchsetzungsgesetz §2 abs. 1.

⑤ Vgl. Netzwerkdurchsetzungsgesetz §2 abs. 2. Nr. 3, Nr. 6, Nr. 7, Nr. 8.

⑥ Vgl. Netzwerkdurchsetzungsgesetz §2 abs. 2. Nr. 2, Nr. 4, Nr. 9.

说明，其为阻止其平台上的可罚性行为采取了哪些努力。①

相对《网络执行法》的其他内容而言，报告义务较少受到德国学者的关注，但这并不意味着报告义务本身毫无特点。首先，这一透明性义务将网络服务提供者的自我治理推上了新的高度。从表面上看，周期为半年的报告似乎并没有任何重大影响，实际上网络服务提供者处于更为严格的监管环境之中。通过报告文件，网络服务提供者的处理违法内容的情况更详细地暴露在公众以及监管部门的视野之下，监管部门可以据此来判断服务提供者履行义务情况，而不必再到企业进行实地调查、评估。更重要的是，长期以来影响服务提供者责任认定的“明知”问题也得到了一定程度的解决。由于网络服务提供者需要报告其所接收的全部关于违法内容的投诉，也就从侧面体现了网络服务提供者对于违法内容的知情范围。

其次，从更深层次来看，报告义务有助于促进违法内容删除机制的合理化发展。正如前文所述，网络服务提供者可能处于一种偏激的激励结构中：“如果其过于抑制对网络中违法内容的反应，则会承受放纵仇恨言论以及侵犯个人权利内容所带来的谴责；如果进行过于广泛的删除，则会因不当地限制言论自由而受谴责。但很明显，网络服务提供者更倾向于忍受因压制处于合法边缘地带言论而受到的谴责，而不是承受放纵违法内容的罪责。”② 在这种状况下，网络服务提供者判断违法内容的标准会偏于严格，以致信息自由受到损害。而报告义务使得公众能够对网络服务提供者对违法内容的处理标准进行观察、讨论以及矫正：一方面，超越个案层面的广泛讨论所带来的批判性反思会中和服务提供者所承受的来自监管部门和法律责任的压力，使得激励结构趋于平衡；另一方面，来自民主社会、新闻行业以及学术领

---

① Vgl. Netzwerkdurchsetzungsgesetz §2 abs. 2. Nr. 1

② *Eifert*, Rechenschaftspflichten für Soziale Netzwerke und Suchmaschinen, Neue Juristische Wochenschrift 2017, 1450,1452.

域的评论，对服务提供者实践标准的规范性导向具有重要促进意义。①

（四）整体评价

德国通过《网络执行法》确立了一种全新的合作规制模式：一方面通过罚金形式的负向激励促使网络服务提供者针对网络中的违法内容进行自我规制；另一方面又明确赋予网络服务提供者判断、处置其控制领域内容的权力。最值得注意的是，其以违法内容的删除为核心构建了一个相互联系、相互影响的义务系统。

尽管如此，《网络执行法》几乎受德国学者“一边倒”的负面评价。如前文所述，大多批判主要集中在两个领域，一是与欧盟法的有关规定相冲突；二是侵犯言论自由与信息自由。然而，一些批判的合理性是存在疑问的。首先，与欧盟层面相关规定的冲突并不能从根本上说明《网络执行法》本身是存在缺陷的。欧盟《电子商务指令》中的服务提供者责任规则制定至今已有近20年，而为了适应快速发展的网络状况其必然存在变革的必要性。例如，要求服务提供者提供投诉渠道并对相关内容投诉进行检查的义务，在2018年3月欧盟委员会出台的《关于有效治理在线违法内容措施的建议》（Commission Recommendation on measures to effectively tackle illegal content online）中也得到了一定程度的肯定。② 另外，《网络执行法》对于时间的具体规定，实际并未与《电子商务指令》中“立即采取行动”的要求相冲突。欧盟指令的特点在于只规定目标而不限制成员国实现该目标的形式与手段，那么成员国具有具体解释“立即采取行为”的自由立法空间。而且，从法的安定性、明确性角度来看，模糊的要求并不

---

① Vgl. *Eifert*, Rechenschaftspflichten für Soziale Netzwerke und Suchmaschinen, Neue Juristische Wochenschrift 2017, 1450, 1452.

② Commission Recommendation on measures to effectively tackle illegal content online, https://ec. europa. eu/digital - single - market/en/news/commission - recommendation-measures-effectively-tackle-illegal-content-online.

必然优于具体的时间规定。

其次，就言论自由与信息自由而言，多数德国学者似乎陷入一种经验性的思维定式，即服务提供者必然会在责任的威胁下扩大内容删除的范围，进而造成对言论以及信息自由的压制。这种思维上的惯性使其忽视了《网络执行法》为了平衡偏激的激励结构而进行的制度设计。从整体上看，《网络执行法》确立一种系统性的运行机制。对于违法内容的投诉，重要的是网络服务提供者是否进行了处理。而处理的方式不仅包括删除（在认为内容违法的情况下），还包括保留（在认为内容合法的情况下）。准确地说，网络服务提供者并不会仅仅因为没有删除违法内容而受到处罚，而是会因为没有按照规定对相关投诉作出反应而受到惩罚。在基于错误判断而保留违法内容的情形中，只要服务提供者完全按照规定行事，原则上不应受到处罚。除此之外，网络服务提供者的报告义务也会对服务提供者不加考虑而删除内容的倾向存在一定的抑制作用。从细节上来看，《网络执行法》通过从三个方面的设计将其对言论自由以及信息自由的影响在控制在宪法允许的范围之内：(1)《网络执行法》对于违法内容的删除期限进行了灵活性处理，在规定一般性的期限（7天）的情况下保留了变通的可能性；(2) 存疑情况中不存在时间期限，即当内容违法与否取决于某一事实判断或者其他事实情形，且相关事实尚不清楚的情况下关于删除时间期限的规定不再适用；(3) 内容违法性判断的转移，网络服务提供者可以选择将投诉所涉及的违法性判断工作转交给“受到认可的自我治理机构”，而网络服务提供者根据该机构作出的关于违法性的判断再作出是否删除的决定，在这种情况中服务提供者也不受一般删除时间期限的限制，同时还无须承担违法性判断错误的法律风险。① 实际上，在这些“对冲设计”的作用下，学者所担心

① Vgl.*Schwartsmann*, Verantwortlickkeit Sozialer Netzwerke nach dem Netzwerkdurchsetzungsgesetz, GRUR-Prax 2017, 317, 318.

的“固有的删除倾向”以及“存疑情形中的删除”在很大程度上受到了抑制。

诚然，《网络执行法》并不是完美的，其在基本概念（违法内容）界定上的疏忽、用户言论自由保护方面的不足以及网络服务提供者判断能力的欠缺都是无法否认的。不过整体而言，《网络执行法》所采取的思路和方法是值得肯定的。其通过刑法构成要件对违法内容进行界定的方式以及强调服务提供者违法内容处理透明性的报告义务都体现了极强的创新性。更重要的是，《网络执行法》从违法内容处理前的投诉程序、作为处理能力保障的组织条件以及处理的具体流程等方面进行了全方位、立体性的细化。总而言之，《网络执行法》建立了一个前所未有的网络服务提供者的合规系统，为督促网络服务提供者清除网络中的违法内容提供了一种新的解决思路。

三　借鉴可能性——现有法律资源背景下我国网络服务提供者合规系统的构建

我国刑法通过援引法律、行政法规中的规定来定义信息网络安全管理义务，这种做法虽然导致义务内容不明确，但却提供了很大的解释空间。这就使得我们能够依据拒不履行信息网络安全管理义务罪所规定的基本框架，寻找、整合并且利用法律、法规中的相关规定来构建一个符合我国情况的服务提供者合规系统。

（一）“执法私人化”的取舍

《网络执行法》所设计的违法内容处理方案在经典的“通知—删除”规则之外提供了一种新的可能性，由此而带来的问题是是否应该要求网络服务提供者对网络中内容的违法性进行判断，或者说服务提供者是否应该具有这样的权力——即“执法私人化”是否是有必要的。目前，对于“执法私人化”的必要性存在这样一种质疑：“在从国家层面考虑对网络中刑法所禁止的内容采取的措施时，问题的关键并不在于缺少与服务提供者的合作，而是在于刑事追诉机关不充分的配置与培训。通过屏蔽或者删除无法持久地阻止他人发布刑法所禁止的违法信息，而需要通过使信息发布者意识到实施犯罪行为会受到相应的惩罚。刑法必须通过刑事追诉机关以及法院得到执行，只有如此其威慑效应才能发挥作用。"① 这种质疑实际上混淆了国家层面与网络服务提供者层面对网络违法内容作出反应所追求的不同目的。国家侦查、检察以及司法机关的一系列活动重在追究违法内容发布者的责任，从而实现对行为人的惩罚。而服务提供者审查并处理相关内容的目的在于消除违法内容所产生的不良社会影响，相关行为是否受到惩罚对其并不重要。单纯就消除网络中的违法内容而言，对违法内容发布者的刑事追诉无法完全取代服务提供者的处置活动。"因为处于中间的平台用户免于直接性的国家控制，甚至一个或然的刑事追诉并不必然会产生强制删除违法内容的效果，所以强化针对平台用户的刑事威胁或者刑事追诉并不是（与服务提供者的处置）同样有效的。"②

其实，对于第三方执法的问题，美国学者在很早以前就提出了一个系统的分析框架。其指出，一个成功的"守门（Gatekeeping）"可能要求："（1）现行的惩罚无法威慑严重的失范行为；（2）缺乏或者不充足的私人守门激励；（3）守门人能够并且将会可信赖地阻止失范行为，而并不考虑失范行为人的偏好以及市场替代；（4）法律规则能够以合理的成本指引守门人调查失范行为"。③ 根据这一分析

---

① *Nolte*, *Georg*, Hate Speech, Fake News, das, Netzwekdurchsetzungsgesetz und Vielfaltsicherung durch Suchmachinen, Zeitschrift für Urheber- und Medienrecht 2017, 552,555.

② *Buchheim*, Anfängerhausarbeit - Öffentliches Recht: Grundrechte - Zensor wider Willen? Juristische Schulung 2018, 548,554.

③ Reinier H. Kraakman, *The Anatomy of Third Party Enforcement Strategy*, *Journey of Law*, *Economy & Organization*, Vol.2, No.1, 1986, 53, 61.

框架，不仅网络服务提供者作为“守门人”来处理网络中违法内容是必要的，而且相关制度构建也极有可能会是成功的。首先，网络在降低犯罪成本的同时，还增加了侦查与追诉的难度。在当前有限的司法资源不足以应对网络犯罪高发态势的状况下，刑法的直接威慑效果是十分微弱的，至少在内容性犯罪方面存在这种情况。其次，网络服务提供者通常并不会从违法内容的删除中获得利益。相反，正是那些处于灰色地带甚至是违法的内容会为服务提供者带来巨大的网络流量和利益。这意味着在没有责任威慑的作用下，服务提供者很可能不会主动去处理违法内容。再次，在大多数情况中，网络服务提供者凭借对技术设施的控制可以轻易地删除其网络中存在的违法内容。而且，这种处置并不会导致相应的用户向其他网络平台转移。最后，虽然要求网络服务提供者主动调查违法内容的做法被普遍禁止，但对此仍存在一些变通措施。例如要求网络服务提供者为用户提供举报的途径，从而解决违法内容来源的问题。这种变通性实际上降低了网络服务提供者“守门”的难度。所以，服务提供者层面的私人执法与国家层面的执法并没有相互重复或冲突，两者实际是一种相互补充的关系。那么，在服务提供者有能力的前提下有必要以法律责任的形式激励其处理违法内容。

此外，我国学者也进一步从方法论角度上指出了执法私人化可能存在的缺陷：一是网络服务提供者判断内容违法性的能力；二是私人执法所带来的社会成本，即其对正常网络活动的影响，特别是用户合法表达的权利。① 不可否认，关于违法内容的执法私人化的确在上述两个方面存在不足。就某些内容的违法性判断而言，即使是掌握更多资源的法院也难以在短时间内就内容是否违法作出准确的判断。而且不论如何努力，服务提供者都不可能避免错误删除合法言论表达的情形。但这都不足以否定执法私人化的解决思路。因为，任何制度都不

① 赵鹏：《私人审查的界限》，《清华法学》2016 年第 6 期。

可能是完美的，但我们并不会因此而放弃——就如我们不会因为刑讯逼供、冤假错案的存在而否定整个司法体制。相反，我们会在现有体制的基础上不断完善细节性的制度设计，以最大限度地保障正义的实现。同理，执法私人化所存在的缺陷也可以通过具体的制度设计来弥补或者弱化其不利影响。具体而言，对于服务提供者判断能力不足的问题，一方面可以像《网络执行法》那样通过强化服务提供者的组织建设来提高其团队的法律素质，另一方面还可以通过限制其处理的违法内容范围来降低工作的难度；而对于言论自由的保护则可以通过程序制约以及救济机制来实现。所以，执法私人化已不再是一个“应不应该”的问题，是而一个“如何实现”的问题。

（二）“违法内容（信息）”及其范围

如果说要赋予网络服务提供者判断其网络中内容的违法性以及据此进行处置的权力，那么首先需要明确的是网络服务提供者需要进行判断的违法内容的性质及范围。值得注意的是，拒不履行信息网络安全管理义务罪并没有采用“违法内容”这一术语，而是使用了“违法信息”。这两种表述虽然在形式上不尽相同，但本质上是同一事物的两个侧面。信息这一表述更多地体现了网络与数据化的时代背景，是内容的技术性形式；而内容则更强调信息所表达的社会意义。故两者可以在同一意义上进行使用。

就违法信息的本质而言，其所指的是法律所不允许的信息内容类型，而非传播违法信息的不法行为。也就是说，网络服务提供者关注的重点应该是信息内容本身是否被禁止，而非传播的行为是否违法。那么应该如何确定信息网络安全管理义务中的“违法信息”，从而使网络服务提供者至少对自己任务有一个基本的了解？从法律条文来看，该罪罪状只明确了义务的法律来源，却没有指出认定违法信息的法律依据。对此有学者建议，“应当以现行法律、法规的明确规定来认定传播的信息是否违法。所谓‘现行法律、法规’至少应当与《刑法》第96条所解释的‘国家规定’含义相一致，即违法的‘法’应该是指全国人民代表大会及其常务委员会制定的法律和决定；国务院制定的行政法规、规定的行政措施、发布的命令和决定”。① 这一建议试图通过将认定违法信息的法律依据限制为效力层级较高的规范来提高认定标准，但其并没有触及违法信息所涉及的实质问题——违法信息的范围以及具体认定标准，对此有必要进一步讨论和明确。

我国关于互联网的法律、行政法规已经对网络中的禁止性信息内容作出了一般性的规定，这可以作为网络服务提供者所处理违法信息范围的基本框架和依据。以《网络安全法》为核心，包括《全国人民代表大会常务委员会关于加强网络信息保护的决定》（以下简称《信息保护决定》）、《全国人民代表大会常务委员会关于维护互联网安全的决定》（以下简称《互联网安全决定》）、《互联网信息服务管理办法》（以下简称《信息服务办法》）、《计算机信息网络国际联网安全管理办法》（以下简称《联网安全办法》）在内的互联网法律体系主要规定了以下 14 类违法信息内容：（1）煽动颠覆国家政权；（2）煽动分裂国家；（3）损害国家机关信誉；（4）宣扬恐怖主义、极端主义；（5）煽动或宣扬民族仇恨、民族歧视；（6）暴力、淫秽；（7）虚假信息/谣言；（8）虚假宣传；（9）教唆犯罪；（10）宣扬邪教和封建迷信；（11）侮辱或诽谤；（12）侵犯他人名誉；（13）侵害他人隐私；（14）损害他人商品或商业信誉。② 这些违法信息大致分布于国家安全、公共秩序以及个人权利三个领域。

---

① 谢望原：《论拒不履行信息网络安全管理义务罪》，《中国法学》2017 年第 2 期。

② 参见《网络安全法》第 12 条，《全国人民代表大会常务委员会关于加强网络信息保护的决定》第 8 条，《全国人民代表大会常务委员会关于维护互联网安全的决定》第 1 条、第 2 条、第 3 条，《互联网信息服务管理办法》第 15 条，《计算机信息网络国际联网安全管理办法》第 5 条。

	《网络安全法》	《信息保护决定》	《互联网安全决定》	《信息管理办法》	《联网安全管理办法》
煽动颠覆国家政权	√		√	√	√
煽动分裂国家	√		√		√
宣扬恐怖主义、极端主义	√				
煽动或宣扬民族仇恨、民族歧视	√		√	√	√
暴力、淫秽	√		√		
虚假信息/谣言	√			√	√
教唆犯罪				√	
宣扬邪教和封建迷信			√	√	√
虚假宣传			√		
侵害他人隐私	√	√			
侮辱或诽谤			√	√	√
侵犯他人名誉	√				
损害国家机关信誉					√
损害他人商品或商业信誉			√		

这些违法信息类型并不适合全部纳入网络服务提供者的处理范围，对此还需要从两个方面进行限缩：一是网络服务提供者的判断能力；二是对于用户言论自由的保护。① 那么，涉及真假判断的违法内容［例如虚假信息（谣言）、诽谤、虚假宣传、损害他人名誉、损害他人商品或商业信誉、损害国家机关信誉］，不宜由网络服务提供者来判断。因为当涉及这类内容的违法性判断时，对于内容真

① 陈洪兵：《拒不履行信息网络安全管理义务罪的适用空间》，《政治与法律》2017 年第 12 期。

实性的反复的事实调查是必要的，这一复杂的过程不仅是网络服务提供者所无法承担的，也使违法内容的快速删除无法实现。① 以诽谤性内容为例，其至少以捏造的事实存在为前提，如果某一内容虽对他人造成不利影响但并不存在捏造事实的情况，也不得认定为其诽谤性内容。此时问题的核心是特定表达的真与假，而网络服务提供者并没有能力也不应该被要求对此进行调查。而且，在某一信息内容的真假无法判断时，出于保护言论自由的目的也不能对此进行删除。

为了进一步细化违法内容的类型以及提供更为明确的判断标准，可以参照德国《网络执行法》的做法将违法信息内容的类型与刑法分则规定中的具体构成要件相联系。相比较其他部门法而言，刑法更为精确、细致，以相关罪名的构成要件为判断标准可以增加判断的准确性和科学性。以淫秽信息为例，只有在刑法分则以及相应的司法解释中才存在关于淫秽信息较为详细的定义，这是其他法律都无法做到的。② 此外，将违法信息类型与刑法分则构成要件相联系的另一个好处是可以限制违法信息的种类，只有刑法所关注的、具有一定严重性的违法信息类型才会成为网络服务提供者的处理对象。所以，根据互联网相关的法律、行政法规所规定的违法信息范围，可以将以下刑法分则规定作为违法信息内容的依据：第 103 条第

---

① Vgl. *Karl – Nikolos Peifer*, Fake News und Providerhaftung—Warum das NetzDG zur Abwehr von Fake News Falschen Instrumente liefert, Computer und Recht 809, 813.

② 见《刑法》第 367 条第 1 款，“本法所称淫秽物品，是指具体描绘性行为或者露骨宣扬色情的淫秽性的书刊、影片、录像带、录音带以及其他淫秽物品”；见《关于办理利用互联网、移动通讯终端、声讯台制作、复制、出版、贩卖、传播淫秽电子信息刑事案件具体应用法律若干问题的解释（一）》，“刑法第 367 条第 1 款规定的‘其他淫秽物品’，包括具体描绘性行为或者露骨宣扬色情的淫秽性的视频文件、音频文件、电子刊物、图片、文章、短信息等互联网、移动通讯终端电子信息和声讯台语音信息”。

二款（煽动分裂国家罪）、第105条第二款（煽动颠覆国家政权罪）、第120条之三（宣扬恐怖主义、极端主义、煽动实施恐怖主义活动罪）、第120条之四（利用极端主义破坏法律实施罪）、第120条之六（非法持有宣扬恐怖主义、极端主义物品罪）、第246条（仅限侮辱罪）、第249条（煽动民族仇恨、民族歧视罪）、第253条之一（侵犯公民个人信息罪）、第295条（传授犯罪方法罪）、第300条（组织、利用会道门、邪教组织、利用迷信破坏法律实施罪）、第359条（限介绍卖淫罪）、第363条（制作、复制、出版、贩卖、传播淫秽物品牟利罪）。

除此之外，我们认为还需要进行两点补充，第一是关于教唆犯罪的违法信息，由于刑法分则只涉及特定类型的教唆犯，所以这类违法信息的认定还需要参照刑法总则的规定；第二是一些较新的刑事立法并未及时补充到网络相关的法律、行政法规中，如《刑法修正案（九）》所设立的非法利用信息网络罪以及《刑法修正案（十）》设立的侮辱国旗、国徽、国歌罪。其中非法利用信息网络罪所涉及的违法信息应该限制为“制作或者销售毒品、枪支、淫秽物品等违禁物品、管制物品或者其他违法信息”，而为实施诈骗活动所发布的信息不应该包括在内，因为其同样涉及真假判断的问题。

违法信息内容类型	相对应的刑法分则具体罪名
煽动颠覆国家政权	煽动颠覆国家政权罪
煽动分裂国家	煽动分裂国家罪
宣扬恐怖主义、极端主义	宣扬恐怖主义、极端主义、煽动实施恐怖主义活动罪，非法持有宣扬恐怖主义、极端主义物品罪，利用极端主义破坏法律实施罪
宣扬或煽动民族仇恨、民族歧视	煽动民族仇恨、民族歧视罪
淫秽	介绍卖淫罪，制作、复制、出版、贩卖、传播淫秽物品牟利罪，传播淫秽物品罪
教唆犯罪	传授犯罪方法罪以及刑法总则关于教唆犯的规定

续表

违法信息内容类型	相对应的刑法分则具体罪名
宣扬邪教、迷信	组织、利用会道门、邪教组织、利用迷信破坏法律实施罪
侵害他人隐私	侵犯公民个人信息罪
侮辱	侮辱罪
补充	侮辱国旗、国徽、国歌罪，非法利用信息网络罪（仅限于制作或者销售毒品、枪支、淫秽物品等违禁物品、管制物品或者其他违法信息）

需要注意的是，将刑法分则的构成要件作为判断违法信息的主要依据并不是要求网络服务提供者判断是否存在发布的行为、行为的构成要件符合性以及行为人是否存在主观故意，而是仅仅从纯客观层面判断相关内容是否符合构成要件中行为客体要素。另外，这些违法信息内容类型以及对应构成要件的限制作用仅存在于网络服务提供者根据用户投诉处理违法内容或者自发审查网络内容的情况，而对于法院作出的生效判决以及监管部门的责令则不受上述范围的限制。

（三）信息网络安全管理义务的展开

对于信息网络安全管理义务的具体内容而言，目前只存在非常宽泛的解读，而缺乏深入的研究。有学者将信息网络安全管理义务理解为禁止性规范（例如不得传播淫秽信息）和命令性规范（例如发现法律、法规禁止发布的信息，应立即停止传输）共同为网络服务提供者设定的义务。① 也有论者认为信息网络安全管理义务只是一种作为义务，包括主动审查义务与配合义务。② 至少可以明确的是，信息网络安全管理义务只应是基于命令性规范的作为义务。如果将禁止性规范设定的义务也包含在内则会产生对于同一种行为的矛盾的刑法评

① 谢望原：《论拒不履行信息网络安全管理义务罪》，《中国法学》2017年第2期。

② 敬力嘉：《论拒不履行网络安全管理义务罪——以网络中介服务提供者的刑事责任为中心展开》，《政治与法律》2017年第1期。

价，例如网络服务提供者传播淫秽信息的行为（针对“不得传播淫秽信息”的禁止性规范所设立的义务的违反）可能直接构成传播淫秽物品罪或传播淫秽物品牟利罪，但是根据拒不履行信息网络安全管理义务罪的规定在监管部门责令改正后却不构成犯罪。那么，如果说信息网络安全管理义务是基于命令规范作为义务，应如何将其具体化？

（1）信息网络安全管理义务的内涵

正确的思路是以刑法的具体规定——“致使违法信息大量传播”——为限制，以法律和行政法规规定的义务为来源，根据因果关系来确定这一义务的具体内容。① 根据这一思路有两种义务可能成为信息网络安全管理义务的主要内容，即用户信息管理义务（《网络安全法》第47条）和针对恐怖主义、极端主义内容信息的监督义务（《反恐怖主义法》第19条）。但《反恐怖主义法》所要求的对于内容进行审查、搜索、过滤的主动审查义务已经超过了服务提供者能力范围而应该被排除。②

关于网络服务提供者对于用户发布信息的管理义务，除了《网络安全法》第47条以外，《信息保护决定》第5条、《互联网安全决定》第7条、《信息管理办法》第16条以及《联网管理办法》第10条都存在类似的规定。综合上述规定，这一义务可以概括为一种情形下的四个举措：所谓一种情形是指网络服务提供者发现法律禁止发布或者传输的信息，四个举措分别是指（1）停止传输；（2）进行处置，防止扩散；（3）保存记录；（4）向有关主管部门报告。首先，发现法律禁止的违法信息的情形是网络服务提供者义务的触发条件。前文已经确定了禁止信息的范围，那么需要讨论的是如何理解网络服

① 皮勇：《论网络服务提供者的管理义务及刑事责任》，《法商研究》2017年第5期。

② 皮勇：《论网络服务提供者的管理义务及刑事责任》，《法商研究》2017年第5期。

务提供者的“发现”。国外立法规定以及国内外学者基本对网络服务提供者主动寻找违法信息的义务一致持反对态度，所以此处的“发现”至少不应该解释为“主动寻找”。①另外，以推定的方式认定网络服务提供者发现（明知）违法信息的存在也是存在风险的，可能导致服务提供者因为实际不知情的违法信息而承担责任。较为科学的方法是设计一种帮助“发现”的制度，对此《网络执行法》提供了一个很好的参考，即要求网络服务提供者为用户提供投诉违法信息的渠道并且及时对投诉进行检查和处理。为了能够提供一个判断是否“发现”的标准，有必要建立辅助性的投诉管理义务。而且，这一义务也可以纳入信息网络安全管理义务之中：建立并运作及举报机制是法律规定的网络服务提供者义务——我国《网络安全法》的第 49 条规定，“网络运营者应当建立网络信息安全投诉、举报制度，公布举报、投诉方式，及时受理有关网络信息安全的投诉和举报”；缺乏违法信息的举报机制或者举报没有及时得到处理，与网络违法信息的大量传播存在较近的因果关系。所以，信息网络安全管理义务不仅包括通常理解的处置发现的违法信息，还应包括建立并运行一个用户投诉与检查机制。

（2）网络服务提供者对信息内容违法性的错误判断

在网络服务提供者收到用户的投诉，采取相应的措施之前，还涉及对于投诉涉及信息的违法性的判断。对此非常重要的是，如何评价网络服务提供者对信息违法性错误判断的情形，尤其是错将违法信息判定为合法信息的情形。有学者将其归结为违法性认识错误（禁止错误）的问题，并认为网络服务提供者在咨询专业人士后即使发生

---

① 赵鹏：《私人审查的界限》，《清华法学》2016 年第 6 期；涂龙科：《网络内容管理义务与网络服务提供者的刑事责任》，《法学评论》2016 年第 3 期；皮勇：《论网络服务提供者的管理义务及刑事责任》，《法商研究》2017 年第 5 期。禁止一般监控义务的相关国外立法包括《欧盟电子商务指令》第 15 条、德国《电讯传媒法》第 7 条第 2 款、美国《千年数字版权法》第（m）条第 2 款。

错误判断也可以排除故意。① 这种观点虽然极力在错误判断的情形中给予服务提供者以保护，但其定性并不准确。违法性认识错误通常存在于这样的情形中：行为人认识所有的构成要件情状，而在此基础上仍然认为自己的行为是被允许的（也就是说不具有违法性）。② 此处网络服务提供者判断的对象并不是自己的行为是否违法，而是用户发布的信息内容是否违反相关法律法规——服务提供者并没有认识到所有的构成要件情状。所以说，网络服务提供者对于投诉内容的错误判断不是违法性认识错误的问题。这种错误的定性会导致所谓的畸形的激励结构出现——网络服务提供者为了避免错误判断所招致的处罚而倾向于删除难以准确判断的信息内容，因为违法性认识错误在通常情况下并不能排除网络服务提供者的故意，即网络服务提供者需要对因错误判断而没有删除的违法信息承担责任。然而，实际上作为判断对象的“违法信息”属于规范性构成要件之情状，对于规范性构成要件情状的错误理解通常可能导致两种极易混淆的情形——构成要件认识错误或涵摄错误。德国学者罗克辛对这两种情形进行了理论上的区分，“这关键取决于：当行为情状的社会意义是可以理解并且已经被理解的时候，即使没有认识到用以标示其的法律概念，错误的法律解释（涵摄错误）也不会因此影响故意。相反，一个错误的理解使得行为人无法准确认识其行为的社会意义（他相信所拿走的是属于自己而非他人的物品，因此自己是无罪而非有罪的），这种类型的错误就排除了相关规范性行为情状方面的故意。”③ 就违法信息的错误判断而言，并不存在对用以标示其法律概念的错误理解（即涵摄错误，例如

① 谢望原：《论拒不履行信息网络安全管理义务罪》，《中国法学》2017年第2期。

② Vgl. Roxin, Strafrecht Allgemeiner Teil, Band I, Verlag C. H. Beck, München, 2006, S. 484.

③ *Roxin*, Strafrecht Allgemeiner Teil, Band I, Verlag C. H. Beck, München, 2006, S. 489.

行为人无法精准地将给他人汽车车胎放气的行为归结刑法规定中的“破坏财物”，但这不影响其对放气行为的社会意义及危害性的认识）。而当网络服务提供者错误地认为某一信息内容并没有为法律所禁止时，其对自己行为的社会意义也发生了错误的认识，其认为自己是在依法保护信息自由和言论自由，而非为违法内容发布者提供支持。所以网络服务提供者关于信息内容违法性的判断错误属于构成要件错误。只要网络服务提供者对投诉的信息内容进行判断并给出理由，即使对信息内容的违法性发生错误判断，也应该排除故意而不进行处罚。

（3）网络服务提供者对违法内容的处置

如果网络服务提供者认定某一用户投诉的信息内容是违法的，则应采取相应的措施。法律、行政法规中规定的四个举措并不都与违法信息大量传播的后果存在因果关系。根据这一限制可以将“保存记录”与“向有关主管部门报告”排除在信息网络安全管理义务之外。① 对于另外两种相关措施而言，“停止传输”相对容易理解。例如网络直播平台收到关于个别主播进行淫秽表演的投诉，则应该及时采取措施停止传输。而对于已经确定的违法内容采取处置措施，避免进一步扩散的做法可能存在两种理解：一是删除基于用户请求或者其他技术目的而自动储存的违法信息；二是除了前述处置以外，还需要寻找已经传播的相同违法信息并删除。以用户 A 在网络平台中发布违法内容为例，根据第一种理解只要求服务提供者删除其储存的 A 发布的内容；而根据第二种理解，服务提供者不仅需要删除 A 所发布的违法内容，还需要调查其他用户是否转发了 A 发布的违法内容并进行删除处理。第二种理解实际上变相地规定了网络服务提供者一般性的调查义务，要求网络服务提供者主动审查网络中的违法内容。

---

① 保存记录的义务可能涉及拒不履行信息网络安全管理义务罪中的第三种情形“致使刑事案件证据灭失”，但本文只在致使违法信息大量传播的狭义角度定义信息网络安全管理义务。

这种要求超出了网络服务提供者的能力范围而且也不具有可行性，因此应该被排除。德国《网络执行法（草案)》也存在类似的规定，其第三条第 2 款第 6 项要求网络服务提供者删除存在于其网络中的所有违法内容的复制件。这一规定由于涉及内容的监控义务而受到学者的反对，因此最后出台的《网络执行法》取消了这一条款。故应该限制性地去理解“处置违法内容，防止扩散”的要求，仅以投诉所涉及的特定违法内容为处理对象，而并不要求服务提供者去调查他人转载或者复制文件并删除。

（4）不履行信息网络安全管理义务的认定

根据前文的论述，信息网络安全管理义务是包括提供用户投诉渠道、分析判断用户投诉以及根据相关判断进行处置在内的义务体系。所以对于网络服务提供者是否履行义务的判断，应从系统性、机制性的角度去考察。易言之，义务履行的关键在于网络服务提供者是否建立了投诉的接收、审查、处理的流程和机制以及该机制是否得到了充分的运作，而个别的违法性信息是否因为错误而没有删除并不是十分重要。那么，监管部门责令改正的内容也应该是针对违法信息内容举报与管理机制的系统性缺陷，例如网络服务提供者没有提供举报的途径、没有及时处理投诉等。

为了保证对于不履行信息网络安全管理义务认定的准确性以及有据可依，有必要进一步细化法律、行政法规中规定的投诉、举报制度以及信息内容管理制度。《网络安全法》第 49 条只是简单地提及了投诉、举报制度，而对于投诉机制的基本要求、实现方式、网络服务提供者对投诉进行查看的频率都未涉及。另外，《网络安全法》第 47 条以及其他相关法规关于违法信息内容管理制度的规定也不够详尽，如缺乏关于删除违法信息的一般性时间期限、特殊情况中时间期限的延长等情况的具体规定。

在监管部门认定网络服务提供者没有履行信息网络安全管理义务后，其责令改正的内容应针对投诉机制以及违法信息管理机制的系统性缺陷，而不必着眼于极为具体的个别情形。因此，针对网络服务提供者的行政监管不应该是耗费大量行政资源的“贴身盯防”。① 另外，有论者认为“经责令而拒不改正”要件限制了处罚范围而应该删除，这一思路实际上忽略了对于立法目的的考虑。② 如果说拒不履行信息网络安全管理义务罪本质上是刑事合规规则，那么其目的更倾向于督促网络服务提供者建立一种处理违法内容的常态化机制，而不是强化网络服务提供者因第三方违法内容而承担的刑事责任。所以，监管部门具有指导性的责令是具有必要性的——其既可以帮助网络服务提供者构建法律规定的合规系统，也能够为网络服务提供者避免刑事责任提供一个缓冲的机会。

四　结语

在网络发展之初，美国《数字千年版权法》最早提供了网络服务提供者责任与违法内容的解决方案。此后，该法所设计的“通知—删除”规则在全世界得到了广泛借鉴和应用。德国近来在刑事合规理念下通过《网络执行法》对“通知—删除”规则的改良，为我国对“通知—删除”规则本土化的尝试——拒不履行信息网络安全管理义务罪——提供了可借鉴的解释思路。可以说，将信息网络安全管理义务理解为一个关于违法内容的合规系统是可能的，或许也是有效的。这种解释方案要求进一步细化《网络安全法》中的相关规定，例如第 47 条关于删除违法信息的规定、第 49 条中的举报制度等。此外，网络服务提供者的合规规则是一个极为复杂的系统，涉及

① 李本灿：《拒不履行信息网络安全管理义务罪的两面性解读》，《法学论坛》2017 年第 3 期。

② 李本灿：《拒不履行信息网络安全管理义务罪的两面性解读》，《法学论坛》2017 年第 3 期。

多方面权利的兼顾与平衡。拒不履行信息网络安全管理义务罪只在刑事领域涉及了部分合规规则，其存在的不足或者产生的不利影响还需要在其他的法律领域内进行弥补或缓和。特别值得注意的是用户对于删除违法内容的申诉制度，其对于用户言论自由与信息自由的保护具有重要意义，而德国的《网络执行法》以及我国的《网络安全法》都忽视了这一制度的构建。而用户申诉制度也会相应地影响网络服务提供者处理违法内容的时间期限、流程等方面的规定，这就意味着在设立用户申诉制度后关于信息删除的规定也要进行相应的调整。由此可以发现，信息网络安全管理义务是以服务提供者合规规则体系中的所有具体规定为基础的，在细节性的规定没有健全、明确之前，这一罪名难以发挥作用。

（本章的内容曾以“论网络服务提供者的合规规则——以德国《网络执行法》为借鉴”为题发表在《政治与法律》2018 年第 11 期；本书对内容略有修改。）

第四章　网络内容管理义务与网络服务提供者刑事责任

当前，网络违法犯罪非常猖獗，暴恐、色情信息屡禁不止，网络赌博、诈骗常见多发、个人信息保护形同虚设。面对网络违法犯罪发案多、危害广、成本低、查处难的现状，从具有技术优势和控制地位的网络服务提供者着手，以遏制网络犯罪、保障网络安全、规范网络秩序，成为全世界普遍的刑事政策选择。由于刑事处罚的理论根据阐述不充分、责任边界划分不清晰、认定标准不明确，各国在追究网络服务提供者刑事责任时总伴随着理论上的争论不休与裁判中的犹豫不决。在国内，快播案、深度链接案等重大影响性案件引爆全社会的高度聚焦、万众瞩目，公诉机关庭前表现的左支右绌、审判机关判决阐述的语焉不详、学术界理论解释的众说纷纭和普通民众对刑法介入的冷嘲热讽，构成了当前我国网络服务提供者刑事责任追究的现实图景。司法的尴尬反映了理论自身建构的贫乏及其对实践观照的严重不足，影响网络秩序治理立法目的和网络安全国家战略的实现，甚至从根本上侵蚀刑事司法的权威，妨碍法治现代化建设全局。

我国新近颁行的《刑法修正案（九）》创制了新的网络服务提供者①

① 我国刑法没有明确网络服务提供者的内涵和种类，但是考察我国刑法立法规定，自己在网络上生成、上传内容的网络内容提供者的刑事责任追究另有途径，不归属于网络服务提供者。在本文中，除特别说明之外，网络服务提供者不包括网络内容提供者。

刑事责任模式，网络服务提供者不履行网络安全管理义务“致使违法信息大量传播的”等危害结果的，将面临刑事制裁。网络安全管理义务涉及范围较广，以防止违法信息的网上传播为目标的网络内容管理义务是其中之一。目前国内刑法学界对网络服务提供者（而非单纯的网络内容生成者）的内容管理义务及其刑事责任的研究尚不充分，如内容管理义务是否需要合理限定？是所有还只是特定的网络服务提供者具有内容管理义务并担负相应刑责？不同网络服务提供者承担刑事责任的条件有何区别等？有加以深入分析的必要。

一　刑事责任前提：网络内容管理义务的范围

网络服务提供者的网络内容管理义务，依照违法信息的出现时间可以分为三类，其一是对网络内容的预先审查义务；其二是网络内容的实时监控义务；其三是违法信息在网络空间出现之后的报告、删除等义务。网络服务提供者是否对第三方在自己提供的网络平台生成的内容具有管理义务，是网络服务提供者应否就“违法信息大量传播”的后果承担刑事责任的前提。国外对此历来争议纷纭，且至今未息。肯定论认为：出现违法、侵权信息的风险是互联网服务的天然副产品，因此企业负责的原则要求网络服务商将这种风险所产生的损失作为一种商业运营成本网络化。这将迫使互联网服务商阻止违法信息的出现，并将这种风险所产生的成本在互联网用户群体中分摊。① 其次，互联网服务商对存储、制造以及传输违法信息的装置具有所有权，服务商对所有权的控制足以使其对违法信息在网络中的出现、传

① ALFRED C. YEN, Internet Service Provider Liability for Subscriber Copyright Infringement, Enterprise Liability, and the First Amendment, *The Georgetown Law Journal*, 88, 2000, p. 4.

播负有责任。① 否定的观点则认为互联网服务上并不对其用户的行为负责。互联网服务并不必然导致违法犯罪行为的出现；其次，扩展互联网服务商的责任可能会使其有强有力的动机，即使在违法信息并不成立的情况下，也会通过从互联网上删除用户资料来保护其经济利益。再次，这种无差别的审查制度与宪法有关言论自由的规定相矛盾。② 最后，需要大量的人力来审查上传到互联网的海量文件和信息，附加此义务将会使对互联网的访问瘫痪。③ 尽管争议热烈而持久，但考虑到公民言论自由、互联网技术发展与被害人权利保护三者的平衡，通常认为，网络服务提供者应当在合理的范围内承担网络内容管理义务。

如何划定网络服务提供者的网络内容管理义务的合理范围？国外的法律实践大多否定网络服务提供者对他人在网络上发表的内容的预先审查和实时监控义务。2011 年，欧盟法院在具有广泛影响的 Scarlet v. SABAM④ 一案中，断定网络服务提供者没有过滤、监控网络上非法内容的一般性义务，并明确主管部门不得要求网络服务提供者必须植入信息内容的过滤系统。其理由是：在设定网络服务提供者的义务时，必须兼顾公民个人的基本权利的保护与 ISP 的运营商经营自由的保护的平衡。要求网络服务提供者植入网络内容过滤系统一方面会严重侵犯 ISP 的经营自由，另一方面会使其成本效益过分复杂和

① ALFRED C. YEN, pp. 38-45.

② ALFRED C. YEN, pp. 33-37.

③ Lawrence G. Walters, "Shooting the Messenger: An Analysis of Theories of Criminal Liability Used Against Adult- Themed Online Service Providers", *Stanford Law and Policy Review*, 171, 2012, p. 10.

④ Scarlet Extended SA v Société belge des auteurs compositeurs et éditeurs SCRL(EU: Case C-70/10 Celex No. 610CC0070).

昂贵。① 欧盟法院据此否定了网络服务提供者的内容审查义务。在美国，立法没有特别明确网络服务提供者是否具有一般性的审查、监控义务，通常认为，国会的立法意图是显而易见的，ISP 没有义务监控第三方发表在其网页上的内容。② 在专门性立法领域，《数字千年版权法》设立的“搜寻侵权信息及通知服务提供者的责任由版权人承担”原则，排除了网络服务提供者的监控义务。③ 对于已经出现的非法内容，网络服务提供者是否具有报告、删除等管理义务呢？一般认为，除非法律有特别规定，ISP 没有一般性的管理义务。在既有的先例中，如 Zeran v. America Online，Inc. ④、Doe v. MySpace⑤ 等经典案例，网络服务提供者一律援引 230 条款⑥主张责任豁免。该条款是《通讯规范法》（CDA）对那些为第三方生成的或者“用户生成”的内容提供访问的服务商的免责条款，从而在实质上否定了网络服务提供者的内容管理义务。但是，在法律有特别规定的场合，如涉及知识产权侵权时，经权利人的有效通知，网络服务提供者应当履行管理义务。例如，英国颁布的引发关注与争议的《数字经济法案》中，如用户侵权而被要求提供特定时间段侵权名单，且初始法律义务要求网

① JUDGMENT OF THE COURT (Third Chamber), 24 November 2011, In Case C-70/10.

② See Stoner v. eBay, Inc., No. 30566, 2000 WL 1705637, at * 3 (Cal. Sup. Ct., Nov. 1, 2000) ("[M]any of these products may be contraband, and however many it might be possible for defendant to identify as such, Congress intended to remove any legal obligation of interactive computer service providers to attempt to identify or monitor the sale of such products."); 141 Cong. Rec. H8468-69 (daily ed. Aug. 4, 1995) (statement of Rep. Cox).

③ See Robert A. Gorman & Jane C. Ginsburg, *Copyright: Cases and Materials* (7th ed.), Foundation Press, 2006.

④ Zeran v. America Online, Inc., 129 F. 3d 327 (4th Cir. 1997).

⑤ Doe v. MySpace, Inc., 528 F. 3d 413 (5th Cir. 2008).

⑥ 47 U. S. C. § 230.

络服务提供者提供的，网络服务提供者应当向版权所有者提供侵权名单报告。在必要时，应当对一些或者所有相关的用户采取限制访问的技术措施，防止或者减少通过互联网侵犯版权的行为。①

国内在《刑法修正案（九）》的草拟、审议过程中，对网络服务提供者的内容管理义务也有质疑，主要理由是：网络服务提供者内容管理义务很难界定；网络服务提供者没有足够时间、充足的力量辨别有关信息是否违法；附件审查义务可能会阻碍网络科学技术的发展②。从实体法考察，全国人大常委会2013年颁布的《关于加强网络信息保护的决定》第5条规定，网络服务提供者应当加强对其用户发布的信息的管理，发现法律、法规禁止发布或者传输的信息的，应当立即停止传输该信息，采取消除等处置措施，保存有关记录，并向有关主管部门报告。国内主流观点援引该条款否定了网络服务提供者的内容审查义务。理由是，从事互联网服务的单位承担该义务的前提是“发现”，但显然并未赋予其必须主动“发现”违法行为和有害信息的义务，而是指在有人告知或有证据证明其确知相关违法行为和有害信息存在的情形下，其应承担相应义务。③ 网络服务提供者对其第三方上传、传输的信息，一般不承担事先主动审查、监控的法定义务，只承担事后被动删除、报告等法定义务。但是对该问题的认识也不是铁板一块。有法院就主张，相对于著作权人，网络服务提供者更有能力控制和减少侵权行为的发生，从权利和义务、能力和责任相一致出发，将对网络用户的传输内容进行严格审查的义务归于服务提供者，更为公平。④

设定网络服务提供者的预先审查和实时监控义务并不妥当，必然

---

① Digital Economy Act 2010.

② 周光权：《网络服务商的刑事责任范围》，《中国法律评论》2015年第2期。

③ 浙江省丽水市中级人民法院〔2011〕浙丽民终字第40号民事判决书。

④ 广东省高级人民法院〔2006〕粤高法民三终字第355号民事判决书。

导致网络服务提供者的负担过重，阻碍网络服务提供者的经营自由、束缚其发展空间。现代社会发展日新月异，新鲜事物层出不穷，法律义务也必然常有变迁更新。“违法信息”的范围过于宽泛，包括种类众多、涉及广泛的违反行政法律、法规及侵犯他人民事权利的所有违反法律、法规的信息在内，将致使网络服务提供者背负着过重的法律义务负担，步履维艰。法律义务的变动不居，将使网络服务提供者无所适从。更有甚者，头悬的刑事制裁的达摩克利斯之剑，使网络服务提供者有惶惶不可终日之感，必将极大地制约网络技术、网络服务产业的健康发展。因此，网络服务提供者不宜承担事前的审查、事中的监控义务，而只有事后的报告、删除等义务。并且，网络服务提供者的报告、删除义务是被动义务，没有对网络内容进行主动审查、监控的义务。该义务是附加于网络服务提供者身上的一般性义务，即在法律没有特别规定的领域，网络服务提供者不需要承担特别的管理义务。

明确网络服务提供者的网络管理义务的范围，是界定网络服务提供者刑事责任的前提。如根据《刑法修正案（九）》的规定，追究刑事责任网络服务提供者的条件之一是“经监管部门责令采取改正措施而仍不改正”。那么，监管部门是否可以向网络服务商提出类似“下次不得再出现违法信息”、“请作出网络违法信息的即时监控，一经出现马上删除”等抽象的改正措施呢？本书持否定观点，理由在于：此类抽象的改正措施实质上是要求网络服务提供者随时监控网络内容，实际上将原本不属于网络服务提供者的审查、监控义务转移到网络服务商身上，在没有法律依据的情况下，新增网络服务商的法律义务。监管部门只能要求网络服务提供者删除其网站已经出现的暴力恐怖信息或者色情图片等违法信息。“改正要求”的范围应当立足于以下两点：其一，改正措施必须是具体的、有针对性地要求删除或阻止某种违法信息。其二，是针对现实的，已经客观存在的违法信息，而不得是将来的、可能出现的违法信息。网络服务提供者不因为没有执行、完成监管部门的此类改正要求而承担刑事责任。

二　刑事责任基础：基于网络服务分类的网络内容管理义务设定

网络服务，从广义的角度，包括构成并保障网络得以正常运行的所有服务类型。网络服务的内容广泛、种类多样，利用公用电信基础设施将业务节点与因特网骨干网相连接，提供互联网接入的基础性硬件服务的，如中国电信、中国移动等；为网络终端用户提供宽带安装、网络检修等服务的，如市场上网络技术公司；利用 WEB 高速缓存重定向技术的网络缓存提供者。平台提供者，是设立网络空间供内容提供者发布信息的网络服务商，常见的如提供 BBS、微博等网络空间的经营者。在平台自己发布信息的情况下，平台提供者同时也是内容提供者。此外，还包括向用户提供网络缴费、充值等服务；提供能从事传播、接收、展示等一种或者多种活动的软件提供者等。

在网络信息系统中，网络服务提供者提供的服务不同，各网络服务提供者在网络系统中的地位、对信息的控制能力、阻止违法犯罪行为的可能性等都有差异。提供的网络服务内容不同，提供者可能面临的法律义务与法律制裁不同。如单纯的网络内容提供者，就不可能为网络储存数据的丢失承担责任；网络硬件接入提供者，一般无须为网络空间中出现的违法信息承担责任。因此，不千篇一律，而以提供服务内容的不同为依据进行分类，并相应规定服务提供者各自的刑事责任，是世界各国的通行做法。如美国的《数字千年版权法》①（以下简称 DMCA）将网络服务商分为：（1）提供暂时传播服务；②（2）提

① Digital Millennium Copyright Act.

② Digital Millennium Copyright Act，20，512（a）。

供系统缓存服务；① （3）根据用户指示在系统或网络中存储信息；② （4）提供信息搜索服务，③ 并在《通讯规范法》中界定了信息内容提供者的含义，并相应规定了各自的法律责任及其构成。④ 德国的《电讯媒体法》区分了服务提供者的功能，将网络服务商分为内容提供者、访问提供者、缓存提供者以及托管提供者，⑤ 并就不同的网络服务商建立了一套分级的责任体系。提供的网络服务内容不同，提供者的法定义务不同，面临的法律制裁类型有所差异。在法律设置了刑事责任的场合，不同服务的提供者的法定义务及不履行而构成犯罪的成立条件不同。

从我国的刑法立法实践来看，立法者并不倾向于采用服务内容分类的方式来区别不同网络服务提供者的网络内容管理义务及相应的刑事责任范围和入罪条件。《刑法修正案（九）》就网络服务提供者不履行法定义务的行为设立了专门的刑事罚则，开启了网络服务提供者刑事责任的新模式。《刑法修正案（九）》有关网络服务提供者不履行安全管理义务行为的立法，在兜底条款之外列举了“致使违法信息大量传播的”等三种具体情形。实际上，该三种情形的法定义务来源并不一致，涉及的网络服务提供者也不相同。如“致使违法信息大量传播的”，通常情况下由平台提供者不履行网站或信息互动交流平台的内容管理义务导致，刑事责任的辐射范围不应当远及提供互联网硬件介入服务的经营者、缓存服务提供者等。“致使用户信息泄露，造成严重后果的”，一般由提供信息存储的网络服务提供者承担刑事责任，而与其他服务提供者无关。“致使刑事案件证据灭失，情

① Digital Millennium Copyright Act，20，512（b）。

② Digital Millennium Copyright Act，20，512（c）。

③ Digital Millennium Copyright Act，20，512（d）。

④ 47 U. S. C. §230(f).(3)(2006).

⑤ Dr. Dieter Dörr & Steffen Janich，“The Criminal Responsibility of Internet Service Providers in Germany”，*Mississippi Law Journal*，80，2011，pp. 1247-1261.

节严重的”，其责任主体只能是提供数据储存，并具有证据保存义务的网络服务提供者。但事实上，网络的顺利运行依赖于各个组成部分的正常运转。任何网络服务提供者的行为离不开其他服务提供者的技术、设备支持。如“致使违法信息大量传播的”的场合，毫无疑问首当其冲的是平台提供者的责任。但在客观上，没有网络接入服务、访问软件服务的支持，行为人也无法实施、完成其犯罪行为。在环环相扣的网络服务供应链上，对网络服务提供者的刑事责任追究不能毫无节制地延伸。此时，要面临的问题是：（1）哪一类的网络服务提供者是刑事责任的适格主体？刑事责任追究至哪一层级为界？（2）不同的网络服务提供者，其法定义务与构成犯罪的条件是否完全相同？在刑法层面，我国立法没有对网络服务提供者进行明确的分类，也没有界定不同网络服务提供者的特定法律义务和相应刑事责任，相应导致的后果是刑事责任的追究范围不确定、责任主体不明确。出于立法技术的原因，立法上可以把提供各类网络服务的服务商统称为“网络服务提供者”，但在司法解释适用时，确不宜含糊而不加区别将刑事责任加之于不同的网络服务提供者，而应当基于其提供的服务内容判断其刑事责任。网络服务分类的目的在于，通过明确不同网络服务提供者提供服务的区别，从而界定特定的网络服务提供者在违法信息得以传播或者能够及时删除、控制中可以发挥的作用和所处的地位，这是判断网络服务提供者网络内容管理义务及刑事责任有无之前提。

三　刑事责任之判断标准：直接控制说

在网络服务分类的基础上，接下来的问题是：理论上应当采何路径与标准来界定不同的网络服务提供者的内容管理义务以及随后的刑事责任之有无？对此，理论上大致有两种走向。其一是依托传统的共犯理论，通过限制共犯理论的辐射范围，实现防止网络服务提供者刑事责任追究扩大化之目的。追究网络服务提供者的共犯责任，是大陆法系及英美法系国家的通行做法。从国外来看，时至今日，美国仍然是依据共犯理论来追究网络服务提供者的帮助犯责任。著名的 BuffNET 案①开启了对网络服务提供者追责之门，依据在于其为第三方犯罪行为提供了电子方法或者机会，从而“促进”或者“帮助、协助”了非法活动。检察官可以引用《美国法典》第 18 篇的内容来指控网站运营商的刑事活动。② 我国的网络服务提供者的刑事责任模式在《刑法修正案（九）》出台之前与美国类似。实践中采用司法解释的方式，明确网络服务提供者对网络犯罪提供帮助的共犯责任。如 2004 年两高《关于办理利用互联网、移动通讯终端、声讯台制作、复制、出版、贩卖、传播淫秽电子信息刑事案件具体应用法律若干问题的解释》第 7 条以及 2010 年两高《关于办理利用互联网、移动通讯终端、声讯台制作、复制、出版、贩卖、传播淫秽电子信息刑事案件具体应用法律若干问题的解释（二）》第 6 条，对涉及网络服务提供者的互联网接入、服务器托管、网络存储空间、通讯传输通道等犯罪帮助行为予以刑事处罚。《刑法修正案（九）》将散见于诸多司法解释中的同类规定通过立法统一法律化，提升规范层级。同时，在立法上将法益保护前置，实现了帮助行为正犯化。该立法实质上并没有脱离既有的刑法理论框架，并没有赋予网络服务提供者新的法律义务。但事实上，我国传统的共犯理论用以惩治网络服务提供者日显捉襟见肘，其局限在于既无法为网络服务提供者行为的刑法规制提供正当性理论根据，也不能合理限制打击范围。就此，国内的理论走向发生分歧。有学者引入德、日的中立帮助行为理论，试图限制网络服务提供者的刑事责任范围。在国内，陈洪兵副教授在参考日本和中国台湾地区案例的基础上，较早地引入中立帮助行为理论的分析工具，主

① PEOPLE of the State of New York v. Buffnet. 272 A. D. 2d 982. 708 N. Y. S. 2d 227, 2000 N. Y. Slip Op. 04475.

② Shahrzad T. Radbod, p. 613.

张对于网络服务提供者，如属于中立行为的帮助，没有制造不被法所容许的危险，不宜作为帮助犯处罚①。《刑法修正案（九）》通过前后，周光权教授、车浩教授等依据该理论反思用刑罚手段惩治提供网络技术支持行为的合理性，认为对于外观上合法的日常生活行为，不能仅仅因为行为人在个别情况下多少知道他人可能会利用其行为实施犯罪，就对其进行处罚。过分扩大帮助犯的范围，对于维护法的安定性，对于法治秩序的形成可能得不偿失②。总体上，传统共犯理论框架内衍生出来的中立帮助行为理论其立场在于约束、限制对网络服务提供者的刑法介入、干预。

实际上，中立帮助行为理论在限制、界定网络服务提供者的刑事责任上的缺陷较为明显，一是，中立帮助行为理论对可罚的中立行为的界定观点众多、争议较大，且个别观点提出的标准本身非常含糊，其可操作性值得疑问。二是，在网络空间中，中立帮助行为理论无法区分不同的网络服务提供者，难以和服务分类的刑事责任体系对接，无法实现限制刑事责任追究范围的目的。总而言之，无论是传统的共犯理论还是中立帮助行为理论，在网络服务提供者的刑事责任课题上的解释力有限。

其二是引入其他的学说依据来解释分析网络服务提供者刑事责任。《刑法修正案（九）》通过之后，有关网络服务提供者刑事责任的理论根据的探讨，涌现出如保证人说③、监督过失说④等各种观

---

① 陈洪兵：《网络中立行为的可罚性探究——以 P2P 服务提供商的行为评价为中心》，《东北大学学报》（社会科学版）2009 年第 3 期。

② 周光权：《网络服务商的刑事责任范围》，《中国法律评论》2015 年第 2 期。

③ 按照保证人学说，帮助实施网络犯罪活动罪和拒不履行信息网络安全管理义务罪都可以理解为不作为帮助犯。

④ 陆旭：《网络服务提供者的刑事责任及展开》，《法治研究》2015 年第 6 期。

点，林林总总、莫衷一是。网络服务提供者经主管部门的通知之后，仍拒不履行管理义务，其主观心态显然不属过失，监督过失说的观点有失妥当。相比较之下，“保证人说”能较好地解决网络服务提供者的刑事责任追究及限制的问题。特别是《刑法修正案（九）》增设了网络服务提供者拒不履行网络安全管理义务的刑事责任之后，合理运用保证人学说的解释力来说明网络服务提供者的刑事责任尤为必要。按照保证人学说的观点，行为人是否具有作为的义务，关键要看行为人是否具有保证人之地位，只有具有保证人地位之人在能够尽保证义务之时却怠于履行，从而发生危害结果的场合，才会出现与作为等置的问题。① 保证人学说的巨大优势在于对行为人是否具有保证人地位及能否履行特定的保证义务，可与网络服务提供者在管理、控制网络信息中的地位和作用相匹配、衔接，从而达到在网络服务分类的基础上，合理界定不同网络服务提供者的刑事责任范围。也即是基于网络服务提供者接触控制信息的客观能力，界定其监控、移除违法信息义务的有无与大小，决定不作为犯罪的成立与否②。因此，衡量特定的网络服务提供者对网络违法犯罪的管理义务及刑事责任的有无，其标准在于该服务提供者对违法犯罪信息是否处于直接的控制地位。该标准包括以下几层含义，第一，网络服务提供者对违法犯罪信息具有控制力，可以决定特定的违法犯罪信息能否通过一定的渠道、在一定的范围内得以传播。服务提供者对无法影响、控制的违法犯罪信息，不具有安全管理义务。第二，网络服务提供者对违法犯罪信息的控制地位是直接的。“直接”一词可从两方面来理解：一是网络服务提供者虽对违法犯罪信息具有一定的控制能力，但该控制能力如不是直接，而需要借助或逾越其他网络服务提供者的，应当否定前者在刑法上的

---

① 宫厚军：《“保证人说”之演变及其启示》，《法商研究》2007 年第 4 期。

② 杨彩霞：《网络不作为犯罪新论》，《求索》2007 年第 2 期。

管理义务和刑事责任。二是在信息传播、扩散的链条上，网络服务提供者只对直接的第一环节、第一层次违法信息负责。直接控制标准的目的在于限制刑事责任的追究范围，防止沿袭因果链条进行刑事责任的扩大甚至无限追究。第三，只要在涉及社会重大公共利益的情况下，方可突破直接控制标准的限制。可突破直接控制说限制的情形必须是法定的，有明确的立法依据。

四　刑事责任判断之展开

对于客观的“违法信息大量传播”的危害结果，在刑事责任的承担上，不能对所有的网络服务提供者一概而论，而应当依据其提供服务的类型区别对待、具体分析。对于在网络空间自己生成内容的，无论是在他们自己的电脑上还是其他人的服务器上，均无一例外地要承担责任。并且根据一般规则，内容提供者应承担完全责任。无论他是否有复制权和使用权都与此无关。① 世界各国于此的处罚规则基本相同，其区别在于有的国家将内容提供者作为网络服务提供者之一予以处罚，有的则独立在网络服务提供者之外单独制定刑事罚则。在内容提供者之外，其他服务提供者基于内容管理义务的刑事责任差异较大，具体分析如下。

（一）网络平台提供者的刑事责任

网络平台提供者的刑事责任不同于内容提供者的完全的、无例外的刑事责任。平台提供者的刑事责任是有限制的、有条件的刑事责任。平台服务提供者不为他人生成的内容承担刑事责任，但是，在经有效通知后，不履行后续义务，才依法附加刑事责任。但是，在特定条件下，平台提供者可能因为介入网络内容的生成而发生身份转换，

---

① Koch, CR 1997, 193（197）; Spindler, NJW 1997, 3193（3196）; Pelz, ZUM 98, 530(532).

并由此承担内容提供者的刑事责任。

网络平台提供者民事、刑事责任豁免的前提是网络违法信息由第三方上传，而非由平台提供者自己生成。内容是否属于第三方上传，从而网络平台提供者获得豁免？实践中逐渐倾向于采取严格解释、限缩范围的立场。我国的司法实践一般认为，网络服务提供者对他人上传信息的编辑、修改或者改变其接收对象的行为，应当视为内容提供者，并承担相应的法律责任。① 德国等国家对此采取了基本相同的立场。对于网络服务提供者介入网络内容生成的，美国采取更为严格的方式限制网络服务提供者豁免权的适用。在著名的 Roommates. com② 一案中，法庭排除了 230 条款的适用，原因在于用户在访问该网站之前，要求完成一份调查问卷，其中包括用户的性别、性取向和其他个人信息。法庭认为在该案中，该网站实际上充当了信息内容提供者的角色。③ 因此，网络服务提供者介入内容生成的行为，可能导致提供者身份与内容管理义务的转化。在此类情形下，网站平台的提供者应当以网络内容的发布、提供者的身份，承担相应的刑事责任。

网络平台不直接提供信息内容，而提供违法信息链接的行为是否应当承担内容提供者的刑事责任？在德国，有关该问题的争议较大。一般情况下，链接只是被认为是外部内容的访问中介。但是也要考虑个案差异。如明确表示同意链接指向的内容，可以将他人提供的外部内容认定为平台自己提供的内容。同时，在认定时，应当考虑链接指向内容和数据的数量，如平台普遍、大量地引用他人数据或者文件的情况下，不能被视为是将他人内容作为平台自己提供的内容。设置链接的人将（外部）内容接受为自己内容的，会为帮助行为受惩罚。但是，如果在被引用的页面还有更进一步的链接，刑事责任不应当延

① 浙江省丽水市中级人民法院〔2011〕浙丽民终字第 40 号。

② Roommates. com, LLC, 521 F. 3d 1157, 1161 (9th Cir. 2008) (en banc).

③ Roommates. com, LLC, 521 F. 3d 1164 (9th Cir. 2008) (en banc).

伸到第二层次的链接。① 可见，德国在平台服务提供者身份转换上持较为宽松的立场。本书认同第二层次及其以上链接的，由于服务提供者不再处于直接控制地位，不应当追究平台提供者的内容生成责任。但是，对平台提供者介入内容生成时，已经不再是单纯的引导用户访问的行为，而是一种实质的传播行为，② 法律适用标准过于宽松不利于违法信息的有效控制。更重要的是，在平台提供者介入内容生成的情况下，平台提供者具有完全的自主权、控制权，可以不受约束地选择提供或者不提供相关链接。并且，这种选择不会给平台提供者添加任何额外的经营成本。从利益平衡的角度，由平台提供者担此责任并无不妥。因此，对于提供第一层次链接的行为，平台提供者既然提供了访问中介，就应当有合理的注意义务，对被访问的内容应当有认识，并承担相应的刑事责任。

（二）软件接入提供者的刑事责任

软件接入提供者是指使得能从事传播、接收、展示、转寄、缓存、搜索一种或者多种活动的软件提供者③。目前实践中广受关注的快播软件一案，是讨论本问题的适例。检察机关指控，快播软件是基于流媒体播放技术，通过向国际互联网发布免费的 QVOD 媒体服务器安装程序和快播播放器软件的方式，为网络用户提供网络视频的发布、搜索、下载、播放服务。检察院认为快播及其直接负责的主管人员在明知 QVOD 媒体服务器安装程序及快播播放器被网络用户用于

---

① Flechsig & Gabel, CR 1998, 351 (356); Lhnig, JR 1997, 496 (498); Park, GA 2001, 23 (32); Gehrke, ZUM 2001, 34 (39); Spindler, MMR 2002, 495 (503); SIEBER, supra note 14, at pt. 308. ContraLackner & Kahl, pt. 7b.

② 于志刚：《虚拟空间中的刑法理论》，中国方正出版社 2003 年版，第 185 页。

③ 47 U. S. C. § 230(f). (4) (2006).

淫秽视频的情况下，仍予以放任，导致大量淫秽视频在网上传播。① 在该案中，检察院的指控思路是，快播公司及其直接负责的主管人员构成传播淫秽物品牟利罪的帮助犯②。有学者质疑刑法惩罚快播公司此类外表看起来是中立无害的，但客观上又有帮助作用的行为的必要性和合理性，并主张对中立帮助行为的处罚应谨慎，尽可能限制其入刑的范围。③

本章主题内要讨论的问题是，在《刑法修正案（九）》的框架内，如快播一类的访问软件提供者是否应当就违法信息的大量传播承担网络服务提供者的刑事责任？本书持否定意见，理由在于，在网络服务体系中，访问软件与网络平台的作用和地位并不相同。访问软件一经发表，提供者对于用户的使用行为、使用方式完全失去了支配权。用户对软件的使用独立于软件的提供者。软件提供者对用户的使用行为不承担刑事责任。但是，网络平台则不一样，网络平台一直处于平台提供者的控制、支配之下，平台提供者对平台的内容有特定的管理义务。因此，在条件满足的情况下，平台提供者要承担相应的刑事责任。实际上，访问软件提供者的地位与角色与网络硬件接入提供者相似，在客观上都作为违法信息得以传播的条件之一。只有对违法犯罪信息具有直接控制地位，而非所有提供信息传播条件的网络服务提供者都应当纳入刑法惩罚的范围。否则的话，所有与网络服务相关的，甚至包括电脑的生产者、销售者都可能受到刑事处罚。这显然是荒谬的。

① 高健：《海淀法院受理快播公司涉黄案》，《北京日报》2015 年 2 月 11 日。

② 也有学者认为，按照最高人民法院司法解释的规定，在此情况下成立传播淫秽物品牟利罪的正犯，即“共犯正犯化”。

③ 车浩：《谁应为互联网时代的中立行为买单?》，《中国法律评论》2015 年第 1 期。

（三）网络硬件接入、缓存等其他网络服务提供者的刑事责任

通常情况下，网络硬件接入、缓存服务的提供者不会因为用户使用其接入、缓存服务的行为负刑责。但是，硬件接入、缓存服务提供者刑事豁免也不是绝对的。如德国《电讯媒体法》第 8 段第 1 款第 2 句规定，如果服务提供者故意与它所服务的用户合作实施非法活动的，特权（刑事责任豁免）则不再适用。这种合作，不一定非得是提供者和用户之间的，可以是提供者之间，作为共同犯罪人。① 我国也有类似条款。2004 年两高《关于办理利用互联网、移动通讯中端、声讯台制作、复制、出版、贩卖、传播淫秽电子信息刑事案件具体应用法律若干问题的解释》第 7 条规定："明知他人实施制作、复制、出版、贩卖、传播淫秽电子信息犯罪，为其提供互联网接入、服务器托管、网络存储空间、通讯传输通道、费用结算等帮助的，以共同犯罪论处。" 应当注意的是，上述的"明知"是具体的、有针对性的明知，不能是抽象的"明知"，即接入服务提供者有与他人共同（合作）实施犯罪的意图。众所周知，网络空间中违法信息的存在是不可避免的，接入、缓存服务提供者不可能不知道网络接入服务在客观上必然会导致违法信息传播，如果"明知"是抽象的而不要求是具体的，则任何网络接入、缓存服务就必然构成犯罪。这显然不是我们所希望的。

在《刑法修正案（九）》的语境下，网络硬件接入、缓存服务提供者不履行网络监管部门的指令，拒不改正致使违法信息大量传播的，应当负刑事责任。但应当注意的是，由于网络接入服务的特殊性，接入服务涉及面比平台服务要广，社会影响大，利益相关方多，对于监管部门的指令，应当严格限制。只有在涉及国家安全、公共安

① THEODOR LENCKNER ET AL., § 184 pt. 58, in ADOLPH SCHONKE & HORST SCHRODER, KOMMENTAR ZUM STRAFGESETZBUCH [COMMENT ON THE PENAL CODE] (2006).

全等严重犯罪信息的传播危险时，监管部门才能指令要求硬件接入服务提供者采取措施。并且在形式上，应当以法律的明确规定为限。

（本章的内容曾以“网络内容管理义务与网络服务提供者的刑事责任”为题发表在《法学评论》2016 年第 3 期；本书对内容略有修改。）

第五章　拒不履行信息网络安全管理义务罪的适用与解释

一　立法理由与刑事政策目的

刑法的解释，虽然是以刑法条文用语为基础，但对于一个新的罪名而言，我们不能不考虑其立法理由以及背后的刑事政策目的。

（一）立法背景

在《刑法修正案（九）》通过之前，我国法律、行政法规已经就网络服务提供者的信息网络安全管理义务作出了一些规定。例如，2012 年 12 月 28 日第十一届全国人民代表大会常务委员会第三十次会议通过的《全国人民代表大会常务委员会关于加强网络信息保护的决定》中作出了以下规定：

> 二、网络服务提供者和其他企业事业单位在业务活动中收集、使用公民个人电子信息，应当遵循合法、正当、必要的原则，明示收集、使用信息的目的、方式和范围，并经被收集者同意，不得违反法律、法规的规定和双方的约定收集、使用信息。
>
> 网络服务提供者和其他企业事业单位收集、使用公民个人电

子信息，应当公开其收集、使用规则。

三、网络服务提供者和其他企业事业单位及其工作人员对在业务活动中收集的公民个人电子信息必须严格保密，不得泄露、篡改、毁损，不得出售或者非法向他人提供。

四、网络服务提供者和其他企业事业单位应当采取技术措施和其他必要措施，确保信息安全，防止在业务活动中收集的公民个人电子信息泄露、毁损、丢失。在发生或者可能发生信息泄露、毁损、丢失的情况时，应当立即采取补救措施。

五、网络服务提供者应当加强对其用户发布的信息的管理，发现法律、法规禁止发布或者传输的信息的，应当立即停止传输该信息，采取消除等处置措施，保存有关记录，并向有关主管部门报告。

六、网络服务提供者为用户办理网站接入服务，办理固定电话、移动电话等入网手续，或者为用户提供信息发布服务，应当在与用户签订协议或者确认提供服务时，要求用户提供真实身份信息。

再如，《电信条例》第 56 条规定，“任何组织或者个人不得利用电信网络制作、复制、发布、传播含有下列内容的信息：（一）反对宪法所确定的基本原则的；（二）危害国家安全，泄露国家秘密，颠覆国家政权，破坏国家统一的；（三）损害国家荣誉和利益的；（四）煽动民族仇恨、民族歧视，破坏民族团结的；（五）破坏国家宗教政策，宣扬邪教和封建迷信的；（六）散布谣言，扰乱社会秩序，破坏社会稳定的；（七）散布淫秽、色情、赌博、暴力、凶杀、恐怖或者教唆犯罪的；（八）侮辱或者诽谤他人，侵害他人合法权益的；（九）含有法律、行政法规禁止的其他内容的”。第 57 条规定，“任何组织或者个人不得有下列危害电信网络安全和信息安全的行为：（一）对电信网络的功能或者存储、处理、传输的数据和应用程序进行删除或者修改；(二) 利用电信网络从事窃取或者破坏他人信息、损害他人合法权益的活动；(三) 故意制作、复制、传播计算机病毒或者以其他方式攻击他人电信网络等电信设施；(四) 危害电信网络安全和信息安全的其他行为”。

又如，《计算机信息网络国际联网安全保护管理办法》第 8 条规定，“从事国际联网业务的单位和个人应当接受公安机关的安全监督、检查和指导，如实向公安机关提供有关安全保护的信息、资料及数据文件，协助公安机关查处通过国际联网的计算机信息网络的违法犯罪行为”。

(二) 立法理由

虽然在《刑法修正案 (九)》之前，我国法律、行政法规已经规定了网络服务提供者具有维护信息网络安全的法律义务，但是其不履行义务的法律后果主要是行政处罚。例如，《关于加强网络信息保护的决定》规定，“对有违反本决定行为的，依法给予警告、罚款、没收违法所得、吊销许可证或者取消备案、关闭网站、禁止有关责任人员从事网络服务业务等处罚，记入社会信用档案并予以公布；构成违反治安管理行为的，依法给予治安管理处罚。”就刑事责任而言，从理论上而言，依据不纯正不作为的法理，不履行法定义务的不作为可以构成相应的犯罪。例如，网络服务提供者不履行用户信息的安全保障义务，导致用户信息被他人窃取时，成立不作为的网络服务提供者的侵犯公民个人信息罪。但在司法实践中，不纯正不作为的认定比较困难，因此司法机关一般难以循此路径追究刑事责任。

为了提高网络服务提供者履行法定义务的积极性与紧迫性，《刑法修正案 (九)》以纯正不作为犯的方式增设了“拒不履行信息网络安全管理义务罪”。与不纯正不作为犯相比，纯正不作为犯的认定相对容易，因此网络服务提供者不履行法定义务的行为构成犯罪的概率就会增加。

根据立法机关的说明，本罪的立法理由主要有两个方面：

第一，增设此罪名有着维护信息网络安全的现实必要性。即："随着信息技术的快速发展和在经济社会生活中的广泛应用，网络在给人们生活带来巨大便利的同时，网络安全问题也日益突出。为加强和规范网络安全技术防范工作，保障网络系统安全和网络信息安全，有关法律、行政法规对网络服务提供者规定了必要的网络安全管理义务。实践中，一些网络服务提供者不履行法律、行政法规规定的信息网络安全管理义务的情况比较常见，其中有的甚至造成了严重的危害后果。为此，《刑法修正案（九）》根据有关方面的意见，增加了本条规定，以促使网络服务提供者切实履行安全管理义务，保障网络安全和网络服务业的健康、有序发展。"①

第二，增设此罪名有着保护法益的现实针对性。实践中，"互联网服务提供者不履行网络安全管理义务的社会危害性，主要体现在以下几个方面：一是为不法分子利用网络实施违法犯罪提供了条件。实践中，一些网络服务提供者因受利益驱动等原因，故意不落实法律、法规确定的安全管理义务，如有的对违法信息不采取屏蔽过滤措施、不审核查验接入网站主体资格；有的明知他人利用网络从事违法犯罪活动仍为其提供加密代理等服务，导致大量网络资源被用于违法犯罪活动。二是妨碍公安机关查处和打击网络违法犯罪行为。网络违法犯罪的证据多以电子数据的形式存在，电子数据具有难固定、难恢复、难提取，易删除、易篡改、易丢失的特点。网络服务提供者不按照规定对网上信息内容和网络日志信息记录进行备份和留存，使得相关证据缺失，影响公安机关依法查处网络违法犯罪。还有的网络服务商非法为他人提供反侦查技术，如 VPN 代理（隐匿上网记录和登录 IP）、VPS（逃避网警追踪）和电话透传服务（修改或者冒用任何电话号码）等，使不法分子借以逃避追究和取证。三是危害公民的个人信

① 臧铁伟、李寿伟：《中华人民共和国刑法修正案（九）条文说明、立法理由及相关规定》，北京大学出版社 2016 年版，第 220 页。

息安全。网络服务提供者在为客户提供服务的过程中，收集、保存有大量的公民个人信息。按照有关法律、法规的规定，网络服务提供者有义务采取相应的保护措施，妥善保管这些信息，如果其不履行安全防范义务，就可能导致公民个人信息泄露，被不法分子用于实施诈骗等违法犯罪活动，危及公民人身和财产安全”①。针对这三类危害行为，第 286 条之一规定了“致使违法信息大量传播”、“致使用户信息泄露，造成严重后果”以及“致使刑事案件证据灭失，情节严重”三种危害结果。

（三）立法比较

在我国刑法中，纯正不作为犯的数量相对而言非常少，但除“拒不履行信息网络安全管理义务罪”之外，刑法中还规定“拒不实施某种行为”的若干罪名。

第一个相类似的罪名是拒不支付劳动报酬罪。《刑法》第 276 条之一规定，“以转移财产、逃匿等方法逃避支付劳动者的劳动报酬或者有能力支付而不支付劳动者的劳动报酬，数额较大，经政府有关部门责令支付仍不支付的，处三年以下有期徒刑或者拘役，并处或者单处罚金；造成严重后果的，处三年以上七年以下有期徒刑，并处罚金”。

第二个相类似的罪名是拒不执行判决、裁定罪。《刑法》第 313 条规定，“对人民法院的判决、裁定有能力执行而拒不执行，情节严重的，处三年以下有期徒刑、拘役或者罚金；情节特别严重的，处三年以上七年以下有期徒刑，并处罚金”。

三个罪名的相似点主要有二：第一，都是纯正不作为犯，即有履行特定法定义务的行为人不履行法定义务，因此构成犯罪。第二，构成犯罪的前提，都是有关国家机关已经明确提出了“作出某种行为”

---

① 臧铁伟、李寿伟：《中华人民共和国刑法修正案（九）条文说明、立法理由及相关规定》，北京大学出版社 2016 年版，第 220—221 页。

的要求。在“拒不履行信息网络安全管理义务罪”中，是“责令改正”；在“拒不支付劳动报酬罪”中，是“责令支付”；在“拒不执行判决、裁定罪”中，是“人民法院的判决、裁定”。第三，刑法第276条之一与第313条都明确规定行为人有“作为能力”，第286条之一虽然没有明确规定，但根据不作为犯的法理，也需要作出同样的解释。

三个罪名之间也有一些区别。首先，针对“拒不支付劳动报酬罪”中，刑法规定，“尚未造成严重后果，在提起公诉前支付劳动者的劳动报酬，并依法承担相应赔偿责任的，可以减轻或者免除处罚”。但针对另外两个罪名，刑法并没有规定此种减轻刑罚的量刑条款。至于在理论上能否“类推”适用，则需要更深入的探讨分析。

其次，在拒不支付劳动报酬罪中，构成要件结果（包括相应的罪量）是行政处罚或者责令措施之前已经发生的，而在拒不履行信息网络安全管理义务罪中，构成要件结果是在行政责令措施之后才发生的。另外，在拒不支付劳动报酬罪中，接受处罚或者执行改正措施可以有效地防止法益侵害或者恢复受损害的法益。而在拒不履行信息网络安全管理义务罪中，如果“责令改正”之前的先前不履行已经造成法益损害，如违法信息已经传播、公民信息已经泄露或者刑事证据已经灭失，那么改正措施的执行往往不能恢复受损害的法益，而只能在某种范围内防止法益的进一步受损。例如，当某人最先在微博上传播违法信息，而新浪公司没有及时删除而被责令整改时，新浪公司只能删除微博上的违法信息，防止违法信息在微博上的进一步传播，至于之前的传播效果，不会因为整改措施而被消除；而且新浪公司只能在其管控的微博这一平台范围内阻止违法信息的传播，并不能阻止违法信息在朋友圈、贴吧、网站等平台上传播，更不能阻止其在国外的网站或者社交平台如Facebook、Twitter等上传播。

（四）立法后的法律发展

《刑法》并没有规定网络服务提供者应当承担什么样的信息网络

安全管理义务，第286条之一只是规定了“网络服务提供者不履行法律、行政法规规定的信息网络安全管理义务”。换言之，网络服务提供者所承担的刑法意义上的作为义务的范围，由法律、行政法规来规定。而从我国网络法律体系的发展历史来看，有关网络服务提供者的信息网络安全义务的法律规定仍然处于不断完善阶段，但整体上已经呈现出“越来越多、越来越详细”的趋势。特别是，在《刑法修正案（九)》通过之后，第十二届全国人民代表大会常务委员会于2016年11月7日通过了《网络安全法》。后者规定更加详细、体系化的信息网络安全管理义务。

具体而言，《网络安全法》以下条款规定了有关主管部门可以责令网络服务提供者改正的情况，成为适用刑法第286条之一的重要法律依据：

> **(1) 第五十九条** 网络运营者不履行本法第二十一条、第二十五条规定的网络安全保护义务的，由有关主管部门责令改正，给予警告；拒不改正或者导致危害网络安全等后果的，处一万元以上十万元以下罚款，对直接负责的主管人员处五千元以上五万元以下罚款。
>
> 关键信息基础设施的运营者不履行本法第三十三条、第三十四条、第三十六条、第三十八条规定的网络安全保护义务的，由有关主管部门责令改正，给予警告；拒不改正或者导致危害网络安全等后果的，处十万元以上一百万元以下罚款，对直接负责的主管人员处一万元以上十万元以下罚款。
>
> **(2) 第六十条** 违反本法第二十二条第一款、第二款和第四十八条第一款规定，有下列行为之一的，由有关主管部门责令改正，给予警告；拒不改正或者导致危害网络安全等后果的，处五万元以上五十万元以下罚款，对直接负责的主管人员处一万元以上十万元以下罚款：

（一）设置恶意程序的；

（二）对其产品、服务存在的安全缺陷、漏洞等风险未立即采取补救措施，或者未按照规定及时告知用户并向有关主管部门报告的；

（三）擅自终止为其产品、服务提供安全维护的。

(3) 第六十一条　网络运营者违反本法第二十四条第一款规定，未要求用户提供真实身份信息，或者对不提供真实身份信息的用户提供相关服务的，由有关主管部门责令改正；拒不改正或者情节严重的，处五万元以上五十万元以下罚款，并可以由有关主管部门责令暂停相关业务、停业整顿、关闭网站、吊销相关业务许可证或者吊销营业执照，对直接负责的主管人员和其他直接责任人员处一万元以上十万元以下罚款。

(4) 第六十二条　违反本法第二十六条规定，开展网络安全认证、检测、风险评估等活动，或者向社会发布系统漏洞、计算机病毒、网络攻击、网络侵入等网络安全信息的，由有关主管部门责令改正，给予警告；拒不改正或者情节严重的，处一万元以上十万元以下罚款，并可以由有关主管部门责令暂停相关业务、停业整顿、关闭网站、吊销相关业务许可证或者吊销营业执照，对直接负责的主管人员和其他直接责任人员处五千元以上五万元以下罚款。

(5) 第六十四条　网络运营者、网络产品或者服务的提供者违反本法第二十二条第三款、第四十一条至第四十三条规定，侵害个人信息依法得到保护的权利的，由有关主管部门责令改正，可以根据情节单处或者并处警告、没收违法所得、处违法所得一倍以上十倍以下罚款，没有违法所得的，处一百万元以下罚款，对直接负责的主管人员和其他直接责任人员处一万元以上十万元以下罚款；情节严重的，并可以责令暂停相关业务、停业整顿、关闭网站、吊销相关业务许可证或者吊销营业执照。

违反本法第四十四条规定，窃取或者以其他非法方式获取、非法出售或者非法向他人提供个人信息，尚不构成犯罪的，由公安机关没收违法所得，并处违法所得一倍以上十倍以下罚款，没有违法所得的，处一百万元以下罚款。

（6）**第六十五条** 关键信息基础设施的运营者违反本法第三十五条规定，使用未经安全审查或者安全审查未通过的网络产品或者服务的，由有关主管部门责令停止使用，处采购金额一倍以上十倍以下罚款；对直接负责的主管人员和其他直接责任人员处一万元以上十万元以下罚款。

（7）**第六十六条** 关键信息基础设施的运营者违反本法第三十七条规定，在境外存储网络数据，或者向境外提供网络数据的，由有关主管部门责令改正，给予警告，没收违法所得，处五万元以上五十万元以下罚款，并可以责令暂停相关业务、停业整顿、关闭网站、吊销相关业务许可证或者吊销营业执照；对直接负责的主管人员和其他直接责任人员处一万元以上十万元以下罚款。

（8）**第六十八条** 网络运营者违反本法第四十七条规定，对法律、行政法规禁止发布或者传输的信息未停止传输、采取消除等处置措施、保存有关记录的，由有关主管部门责令改正，给予警告，没收违法所得；拒不改正或者情节严重的，处十万元以上五十万元以下罚款，并可以责令暂停相关业务、停业整顿、关闭网站、吊销相关业务许可证或者吊销营业执照，对直接负责的主管人员和其他直接责任人员处一万元以上十万元以下罚款。

电子信息发送服务提供者、应用软件下载服务提供者，不履行本法第四十八条第二款规定的安全管理义务的，依照前款规定处罚。

（9）**第六十九条** 网络运营者违反本法规定，有下列行为之一的，由有关主管部门责令改正；拒不改正或者情节严重的，处五万元以上五十万元以下罚款，对直接负责的主管人员和其他直接责任人员，处一万元以上十万元以下罚款：

（一）不按照有关部门的要求对法律、行政法规禁止发布或者传输的信息，采取停止传输、消除等处置措施的；

（二）拒绝、阻碍有关部门依法实施的监督检查的；

（三）拒不向公安机关、国家安全机关提供技术支持和协助的。

（10）第七十条 发布或者传输本法第十二条第二款和其他法律、行政法规禁止发布或者传输的信息的，依照有关法律、行政法规的规定处罚。

（11）第七十二条 国家机关政务网络的运营者不履行本法规定的网络安全保护义务的，由其上级机关或者有关机关责令改正；对直接负责的主管人员和其他直接责任人员依法给予处分。

二　教义学的担忧

鉴于拒不履行信息网络安全管理义务罪构成要件的独特性及其在网络治理的特殊作用，刑法学理论界从教义学的角度对本罪的解释与适用提出了若干疑虑。

有的学者指出，在实践中认定本罪，需要解决若干难题。一是网络服务提供者履行监管义务存在“角色混同”现象。网络平台本身就是市场主体，法律又要求其实施监管，势必导致其履行相关管理职责时缺乏权威性、中立性，参与执法又“中气不足”。二是政府和网络服务提供者的监管责任难以轻易厘清。政府相关部门的监管和电商平台的监控同时存在的情形下，法律上的责任边际如何划定就是一个难题，在政府和网络服务提供者同时履行监管义务的情形下，一旦出现监管上的漏洞，如果将所有监管责任推到网络服务提供者身上未必符合公平原则。三是在实务中，我国互联网监管部门主体众多，且相关监管部门的监管经常越界，处罚标准不明确，处罚依据不充分，禁止网络服务商开展正常业务的指令过多，网络服务商如果都执行，相关服务工作无法开展，也与现代社会信息量大、传输快的特点不符合，如果扩大该罪的适用范围势必会阻碍网络科学技术的发展。①

有的学者指出，拒不履行信息网络安全管理义务罪既是真正身份犯，也是真正不作为犯，但网络服务提供者这一身份的确定以及网络安全管理义务的认定却并未明确规定在该罪的构成要件中，只能通过解释进一步明确其内容。在解释的过程中，应当始终以本罪的构成要件背后所保护的法益即网络虚拟空间秩序的安全顺畅运行为核心。因此，网络服务提供者包括网络空间的开辟者、运行者、维护者，不同的主体所承担的网络安全管理义务内容也不同。由于网络虚拟空间中存在多方参与主体，其秩序的形成不可能仅凭一方之力，应当合理配置网络虚拟空间中各个角色的责任。②

有的学者指出，拒不履行信息网络安全管理义务罪的设立，开创了网络犯罪领域的合作治理，但是，由于主观构成要件的错误定位以及客观构成要件的不合理设置，导致了该罪与帮助网络犯罪活动罪关系的模糊以及规制范围的不当限缩。在总体肯定该罪的同时，应当保持适度理性，取消“经责令而拒不改正”要件，并对构成要件进行目的性限缩解释。③

有的学者指出，刑法第 286 条之一采取了“行政程序前置化”模式，该模式有两个方面的缺点：其一，行政程序前置化模式具有救济渠道的完全排他性，致使权利相关人无法在接受信息网络服务过程

---

① 周光权：《拒不履行信息网络安全管理义务罪的司法适用》，《人民检察》2018 年第 9 期。

② 李世阳：《拒不履行网络安全管理义务罪的适用困境与解释出路》，《当代法学》2018 年第 5 期。

③ 李本灿：《拒不履行信息网络安全管理义务罪的两面性解读》，《法学论坛》2017 年第 3 期。

中，最大化、高效化地排除现实紧迫的法益侵害；其二，责令改正的义务类型、形式要件以及程序性要求的片面化，导致无法周全保障网络用户的重大法益。为提升行政程序前置化模式的性能，应当在区分程序前置型行政犯与不法前置型行政犯的基础上，塑造刑事不法判断的独立性规则，并依据刑法保护的法益类型规范责令改正的义务来源，确立防止“业务可控的结果扩大化”的义务改正标准，塑造“权利相关人+监管部门”的双向救济机制。①

有的学者认为，构成拒不履行信息网络安全管理义务罪必须满足“经监管部门责令改正而拒不改正”这一条件，但对这一条件的误解，致使本罪有束之高阁的风险。责令改正而拒不改正属于客观的处罚条件，而不属于不法要素，也不属于责任要素。责令改正不是行政处罚而是行政命令，本罪的成立不以行政处罚为前提条件。监管部门可以口头形式作出改正责令，而不仅限于书面形式；网络服务提供者不具备改正能力，不能成为免责事由。②

三　司法案例分析：僵尸条款？

拒不履行信息网络安全管理义务罪在实践中一直很少被适用。截至 2020 年 5 月，我们能在中国裁判文书网上搜索到三个拒不履行信息网络安全管理义务罪的案例，其中“许华拒不履行信息网络安全管理义务罪”一案（〔2018〕川 0502 刑初 176 号刑事判决书）仅能搜索到有关的执行裁定书，未能找到判决书本身。此外，还能找到一件被告人构成拒不履行信息网络安全管理义务罪，但因为竞合的原因

① 熊波：《网络服务提供者刑事责任“行政程序前置化”的消极性及其克服》，《政治与法律》2019 年第 5 期。

② 邱陵：《拒不履行信息网络安全管理义务罪探析》，《法学杂志》2020 年第 4 期。

而以其他罪名定罪处罚的案件。

（一）案例简介

1. 何学勤、李世巧开设赌场、拒不履行信息网络安全管理义务、帮助信息网络犯罪活动案

2016 年 2 月起，被告人何学勤正式担任金华市盘古信息技术有限公司（以下简称盘古公司）总经理；2015 年 5 月起，被告人李世巧担任盘古公司客服部经理。

被告人何学勤、李世巧在经营、管理盘古公司的辰龙游戏平台（网址为××）的过程中，利用该平台的“捕鱼”“五子棋”游戏提供给参赌人员进行赌博活动。“玩家”（参赌人员）在“捕鱼”游戏中，通过以炮打鱼的方式消耗虚拟游戏币，每炮消耗 10—9900 游戏币不等，捕鱼成功则获取 2—100 倍不等的游戏币返还，然后在“五子棋”游戏中，通过“银商”（从事游戏币的网上销售、回购的人员）将游戏币兑换为人民币。其中，从 2015 年 10 月至 2016 年 10 月，涉案“银商”胡某 2、晏某（均已判决）非法牟利人民币约 50 万元；从 2015 年 12 月至 2017 年 1 月，涉案“银商”马某、陈某（均已判决）非法牟利人民币 10 万元；从 2016 年 4 月至 2017 年 1 月，涉案“银商”范小辰（已判决）非法牟利人民币 10 万元；从 2016 年 6 月 6 日至 2016 年 11 月 9 日，涉案“银商”熊某、胡某 1 云（均已判决）非法牟利人民币 60 万元。

在盘古公司经营期间，2015 年 10 月 9 日，金华市公安局网络警察支队、金华市文化行政综合执法支队、金华市市场监督管理局网络经营监管处（支队）下发“责令限期改正通知书”，责令盘古公司在 2015 年 11 月 9 日前将辰龙游戏中心网站（域名：c10579. com）在规范管理方面存在的未禁止注册用户账号使用暗含银商交易的个性签名、提供不同用户账号间虚拟币变相转账的服务等问题改正完毕。

关于证据，一审法院指出：被告人何学勤、李世巧在开庭审理过程中并无异议，且有证人章某、胡某 2、马某、雷某等人的证言，责

令限期改正通知书，营业执照，网络文化经营许可证，盘古公司基本情况及员工信息，网页截图，电脑页面照片，公证书，抓获经过，刑事附带民事判决书，被告人何学勤、李世巧的供述与辩解及常住人口信息等证据证实，足以认定。

一审法院认为，被告人何学勤、李世巧利用互联网游戏平台开设赌场，情节严重，其行为已构成开设赌场罪。被告人何学勤、李世巧在经营、管理盘古公司的辰龙游戏平台的过程中，不履行法律、行政法规规定的信息网络安全管理义务，经监管部门责令采取改正措施而拒不改正，且明知他人利用信息网络实施犯罪，为其犯罪提供技术支持，二被告人的行为同时触犯拒不履行信息网络安全管理义务罪、帮助信息网络犯罪活动罪，择一重罪处罚，对被告人何学勤、李世巧的行为以开设赌场罪定罪处罚。

2. 胡某拒不履行信息网络安全管理义务案

上海市浦东新区人民法院审理查明：2015 年 7 月至 2016 年 12 月 30 日，被告人胡某为非法牟利，租用国内、国外服务器，自行制作并出租“土行孙”“四十二”翻墙软件，为境内 2000 余名网络用户非法提供境外互联网接入服务。2016 年 3 月、6 月上海市公安局浦东分局先后两次约谈被告人胡某，并要求其停止联网服务。2016 年 10 月 20 日，上海市公安局浦东分局对被告人胡某利用上海丝洱网络科技有限公司擅自建立其他信道进行国际联网的行为，作出责令停止联网、警告、并处罚款人民币 15000 元，没收违法所得人民币 40445.06 元的行政处罚。被告人胡某拒不改正，于 2016 年 10 月至 2016 年 12 月 30 日，继续出租“土行孙”翻墙软件，违法所得共计人民币 236167 元。经鉴定，“土行孙”翻墙软件采用了 gotunnel 程序，可以实现代理功能，适用本地计算机通过境外代理服务器访问境外网站。2016 年 12 月 30 日，被告人胡某经电话通知后主动至公安机关投案，到案后如实供述了上述犯罪事实。案发后，被告人胡某退出上述全部违法所得并预缴罚金款。

一审法院院予以确认的证据中包括以下两项证据：1. 上海市公安局浦东分局出具的工作情况，被告人胡某 2016 年 3 月 15 日、6 月 15 日两次询问笔录、亲笔书写的保证书，证实被告人胡某因出租“土行孙”翻墙软件被公安机关两次约谈，并责令停止网络代理服务的情况。2. 上海市公安局浦东分局出具的行政处罚决定书，工作情况、上海丝洱网络科技有限公司支付宝企业版月收入汇总表、营业执照复印件，被告人胡某在行政处罚期间的笔录，证实被告人胡某系上海丝洱网络科技有限公司法定代表人，2016 年 10 月 20 日，被告人胡某因利用上海丝洱网络科技有限公司擅自建立、适用非法定信道进行国际联网的行为被上海市公安局浦东分局责令停止联网、警告、并处罚款人民币 15000 元，没收违法所得人民币 40445. 06 元的事实。

上海市浦东新区人民法院认为，被告人胡某非法提供国际联网代理服务，拒不履行法律、行政法规规定的信息网络安全管理义务，经监管部门责令采取改正措施后拒不改正，情节严重，其行为已构成拒不履行信息网络安全管理义务罪。

3. 朱皓拒不履行信息网络安全管理义务案

荆州市荆州区人民检察院指控，2012 年被告人朱皓注册成立了荆州市某网络科技有限公司。2016 年开始，朱皓为牟利在该公司经营地荆州市荆州区，创建 www. osicp. com、www. un-idc. com、www. vpnadsl. cc 等网站用于推广销售其代理的 VPN 软件。用户购买该软件后，可以访问国内 IP 不能访问的境外互联网网站。2017 年 6 月，朱皓租用境内外服务器建立了自己的 VPN 平台，为他人提供通道在网上予以出售。用户购买该 VPN 通道后，可以访问国内 IP 不能访问的境外互联网网站。2017 年 7 月，朱皓在接到荆州市公安局关停 VPN 业务的通知后，仍未停止经营，直至同年 9 月 27 日案发。经鉴定，2017 年 8 月 1 日至当月 31 日、同年 9 月 1 日至当月 27 日均产生连接境外 IP 记录的会员账号数量为 478 个。朱皓从 2016 年开始至案发前的支付宝交易记录收入共计人民币 1741620 元。公诉机关认为，被告人朱皓的行为已构成提供侵入、非法控制计算机信息系统的程序、工具罪，应当依照《中华人民共和国刑法》第二百八十五条第三款的规定追究其刑事责任。

一审判决书中记载的被告人朱皓的辩护意见包括：1. 本人开展VPN业务不是为了获利，而是为社会创造价值；2. www. osicp. com、www. un-idc. com这两个网站不提供VPN的销售服务，www. vpnadsl. cc这个网站仅仅销售代理其他公司的国内加速器软件；3. 本人是2017年9月27日接到的关停通知，也是这天签署的保证书；4. 司法鉴定中认定的478个会员账号不真实，销售其自己搭建的VPN平台没有盈利。一审判决书中记载的辩护律师的辩护意见包括：1. 本案公安机关在对朱皓的公司进行搜查时，未出示搜查证，程序违法；2. 司法鉴定结论不客观；3. 指控朱皓从2016年至2017年代理销售VPN的行为构成犯罪的证据不充分，只能认定朱皓从2017年7月之后，销售自己建立的VPN的行为构成犯罪；4. 朱皓系初犯，且有自首情节，其犯罪销售的VPN处于检测阶段，社会危害程度较轻。具有从轻处罚的情节。建议法庭对其从轻、减轻，甚至免予刑事处罚。

一审法院指出，本案其中两个证据为：1. 荆州市公安局网络安全保卫支队对朱皓下达的网站关停通知书（存根）及朱皓对该单位出具的未经许可不得经营VPN相关业务的保证书。2. 重庆市科信电子数据司法鉴定所司法鉴定意见书及荆州市公安局关于朱皓支付宝账号分时段统计的情况说明证实了朱皓在2017年8月1日至同年9月27日销售VPN支付宝交易记录数量为2248条，交易额合计人民币40350元。

一审法院认定的事实为：被告人朱皓于2012年注册成立荆州市某网络科技有限公司，在该公司经营地荆州市荆州区，创建www. osicp. com、www. un-idc. com、www. vpnadsl. cc等网站用于推广其代理销售和自己建立并销售的VPN软件。用户购买该软件后，可以访问国内IP不能访问的境外互联网网站。为了牟取非法利益，2017年6

月，朱皓租用境内外服务器开始建立自己的VPN平台，为他人提供通道在网上予以出售。2017年7月17日，朱皓在接到荆州市公安局关停VPN业务的通知后，仍未停止经营，拒不改正，直至同年9月27日案发。经鉴定，2017年8月1日至同年9月27日产生连接境外IP记录的会员账号数量为478个，朱皓的支付宝交易记录收入共计人民币40350元。

关于被告人行为的性质，一审法院认为，被告人朱皓身为网络服务的提供者不履行法律、行政法规规定的信息网络安全管理义务，经监管部门责令采取改正措施而拒不改正，公诉机关指控其行为构成提供侵入、非法控制计算机信息系统的程序、工具罪的罪名不当，应当以拒不履行信息网络安全管理义务罪，予以处罚。

关于辩护意见，一审法院指出：被告人朱皓在公安机关未对其立案侦查及采取强制措施前主动到案，如实供述自己的主要犯罪事实，是自首，依法可对其从轻处罚。关于朱皓辩称，其开展VPN业务不是为了获利，而是为社会创造价值；本人是2018年9月27日接到的网站关停通知，也是当天签署的保证书；司法鉴定中认定的478个会员账号和认定其违法所得的数额不客观真实的辩护意见，与本案经审理查明的事实和相关的证据不符，本院不予采纳。关于辩护人辩称，侦查机关程序违法的辩护意见，经查，公安机关在紧急情况下对朱皓的公司进行搜查，符合法律的规定，并且此次搜查是被告人朱皓在明确搜查人员身份的情况下，带领公安民警前往进行的。此节，还有公安机关出具的情况说明予以证实。据此，辩护人的该点辩护意见本院不予采纳。关于辩护人辩称，司法鉴定结论不客观的辩护意见，经查，重庆市科信电子数据司法鉴定所司法鉴定意见书是对被告人朱皓从2016年代理销售VPN开始至案发时销售VPN的会员账号和盈利情况进行的鉴定，只是如何选择时间段内数据的问题，并非不客观真实。据此，辩护人的该点辩护意见本院不予采纳。被告人朱皓及其辩护人其他合理的辩护意见本院已予支持。

一审法院的判决如下：被告人朱皓犯拒不履行信息网络安全管理义务罪，判处有期徒刑一年四个月，并处罚金八万元。

（二）理论分析

单纯从上述三个案例本身，我们难以全面总结出“拒不履行信息网络安全管理义务罪”适用率极低、几乎成为“僵尸条款”的原因。但我们也可以从中发现一些端倪。

首先，行为人拒不履行信息网络安全管理义务，往往不是单纯的不作为，而是为了实施其他违法犯罪行为而不履行义务，根据刑法的罪数（竞合）理论以及“数罪并罚”的规则，最后通常不会根据“拒不履行信息网络安全管理义务罪”定罪处罚。在何学勤、李世巧开设赌场、拒不履行信息网络安全管理义务、帮助信息网络犯罪活动案中，行为人经营游戏平台的目的就在于开设赌场，虽然同时构成了“拒不履行信息网络安全管理义务罪”，但最终由于“择一重罪处罚”，法院并没有以“拒不履行信息网络安全管理义务罪”对被告人定罪处罚。

胡某拒不履行信息网络安全管理义务案与朱皓拒不履行信息网络安全管理义务案相似，都是关于非法提供 VPN 服务的行为。此两个案件也表明，“拒不履行信息网络安全管理义务罪”为治理“非法提供 VPN 服务”行为提供了一个法律手段。但这两个案件与何学勤、李世巧开设赌场、拒不履行信息网络安全管理义务、帮助信息网络犯罪活动案相似，被告人是实施其他违法犯罪行为的同时拒不履行信息网络安全管理义务，因此这两个案件中，被告人的行为更应当以“非法经营罪”或者其他罪名进行规制。

对比拒不履行信息网络安全管理义务罪的立法理由与构成要件，我们也可以发现，实践中此罪名规制的行为与立法目的或刑事政策目的并不符合。在三个案件中，至少在判决书中，我们发现，犯罪行为并没有造成“违法信息大量传播”“用户信息泄露”“致使刑事案件证据灭失”等典型后果。因此，三个案件并非拒不履行信息网络安全管理义务罪所需要重点规制的对象。换言之，一方面，从数量上来看，被判处拒不履行信息网络安全管理义务罪的案件非常少，另一方面，从“质量”上来看，被认定为拒不履行信息网络安全管理义务罪的行为，并非上述“立法理由”所列举的具有社会危害性的典型的互联网服务提供者不履行网络安全管理义务的行为。

四　司法解释的“明确”功能及其限度

如上所述，《刑法修正案（九）》增设了“拒不履行信息网络安全管理义务罪”这一新罪名，但实践中并没有被大量适用。如果单纯从法律条文的角度来找原因的话，法律用语的模糊性以及定罪标准的不明确可能是主要原因。对此，《信息网络犯罪 2019 年司法解释》对刑法第 286 条之一的个别词语以及入罪的罪量标准进行了规定，明确了本罪的处罚范围。

首先，关于“网络服务提供者”，《信息网络犯罪 2019 年司法解释》指出，提供下列服务的单位和个人，应当认定为《刑法》第二百八十六条之一第一款规定的“网络服务提供者”：（1）网络接入、域名注册解析等信息网络接入、计算、存储、传输服务；（2）信息发布、搜索引擎、即时通讯、网络支付、网络预约、网络购物、网络游戏、网络直播、网站建设、安全防护、广告推广、应用商店等信息网络应用服务；（3）利用信息网络提供的电子政务、通信、能源、交通、水利、金融、教育、医疗等公共服务。

其次，关于“监管部门责令采取改正措施”，是指网信、电信、公安等依照法律、行政法规的规定承担信息网络安全监管职责的部门，以责令整改通知书或者其他文书形式，责令网络服务提供者采取改正措施。

再次，关于是否构成“拒不改正”，不能单纯地看是否有实施某种行为，而是需要综合考虑监管部门责令改正是否具有法律、行政法规依据，改正措施及期限要求是否明确、合理，网络服务提供者是否具有按照要求采取改正措施的能力等因素进行判断。

最后，关于“入罪”的罪量标准，《信息网络犯罪2019年司法解释》也作出了比较具体的规定。其中，“致使违法信息大量传播”是指：（1）致使传播违法视频文件二百个以上的；（2）致使传播违法视频文件以外的其他违法信息二千个以上的；（3）致使传播违法信息，数量虽未达到第一项、第二项规定标准，但是按相应比例折算合计达到有关数量标准的；（4）致使向二千个以上用户账号传播违法信息的；（5）致使利用群组成员账号数累计三千以上的通讯群组或者关注人员账号数累计三万以上的社交网络传播违法信息的；（6）致使违法信息实际被点击数达到五万以上的；（7）其他致使违法信息大量传播的情形。“致使用户信息泄露，造成严重后果”是指：（1）致使泄露行踪轨迹信息、通信内容、征信信息、财产信息五百条以上的；（2）致使泄露住宿信息、通信记录、健康生理信息、交易信息等其他可能影响人身、财产安全的用户信息五千条以上的；（3）致使泄露第一项、第二项规定以外的用户信息五万条以上的；（4）数量虽未达到第一项至第三项规定标准，但是按相应比例折算合计达到有关数量标准的；（5）造成他人死亡、重伤、精神失常或者被绑架等严重后果的；（6）造成重大经济损失的；（7）严重扰乱社会秩序的；（8）造成其他严重后果的。“致使刑事案件证据灭失，情节严重”是指致使影响定罪量刑的刑事案件证据灭失，具有下列情形之一的：（1）造成危害国家安全犯罪、恐怖活动犯罪、黑社会性质组织犯罪、贪污贿赂犯罪案件的证据灭失的；（2）造成可能判处五年有期徒刑以上刑罚犯罪案件的证据灭失的；（3）多次造成刑事案件证据灭失的；（4）致使刑事诉讼程序受到严重影响的；（5）其他情节严重的情形。“有其他严重情节”是指：（1）对绝大多数用户日志未留存或者未落实真实身份信息认证义务的；（2）二年内经多次责令改正拒不改正的；（3）致使信息网络服务被主要用于违法犯罪的；（4）致使信息网络服务、网络设施被用于实施网络攻击，严重影响生产、生活的；（5）致使信息网络服务被用于实施危害国家安全犯罪、恐怖活动犯罪、黑社会性质组织犯罪、贪污贿赂犯罪或者其他重大犯罪的；（6）致使国家机关或者通信、能源、交通、水利、金融、教育、医疗等领域提供公共服务的信息网络受到破坏，严重影响生产、生活的；（7）其他严重违反信息网络安全管理义务的情形。

《信息网络犯罪 2019 年司法解释》对拒不履行信息网络安全管理义务罪的构成要件起到了重要的“明确”作用——明确了构成要件中重要概念的具体含义、明确了罪量要素的具体标准。然而，对于司法解释的“明确”功能也要有客观的认识，不能期望司法解释能够“激活”刑法第 286 条之一，更不能希望司法解释能够提高拒不履行信息网络安全管理义务罪的适用率。

首先，随着互联网企业合规意识的提高，故意不履行法律、行政法规所规定的信息网络安全管理义务的行为将会逐渐减少，在有关主管部门“责令整改”之后仍然拒绝不整改的现象将更加罕见。实践中，拒不履行信息网络安全管理义务，往往是网络服务提供者实施诈骗、开设赌场、非法经营等行为的“附随现象”，因此真正通过“拒不履行信息网络安全管理义务罪”来制裁违法犯罪行为的案例就会很少。然而，适用率低不能说明此罪名是没有作用的。事实上，此罪名已经成为许多互联网平台企业合规业务的重要“动力源泉”。换言之，“拒不履行信息网络安全管理义务罪”在实践中发挥着重要的预防犯罪的作用。

其次，必须认识到的是，“拒不履行信息网络安全管理义务罪”作为纯正的身份犯与纯正的不作为犯，其构成要件具有特殊性，“适用困难”是符合逻辑的结果。因此，从“立法目的”来看，我们可以认为，立法者一开始就想严格限制其适用范围。与“危险驾驶罪”的立法目的相比，我们可以发现，在新增“危险驾驶罪”时，立法者希望刑事制裁手段代替传统的行政制裁手段，而在新增“拒不履行信息网络安全管理义务罪”时，立法者希望刑事制裁手段能够保障传统的行政制裁手段，即仍然坚持行政制裁优先、行政制裁为主的制度框架。对此立法目的，我们要有充分的认识，因此任何试图对“拒不履行信息网络安全管理义务罪”的构成要件作“扩大解释”、或者提高本罪名适用率的努力，都不能说是与立法目的相符合的。

最后，关于“拒不履行信息网络安全管理义务罪”的构成要件，其实仍然有一些不明确之处。例如，根据司法解释，在认定行为人是否“拒不改正”时，需要综合考虑监管部门责令改正是否具有法律、行政法规依据，改正措施及期限要求是否明确、合理，网络服务提供者是否具有按照要求采取改正措施的能力等因素进行判断。需要综合考虑的因素有多种，但是何为“综合考虑”？是否每一种因素都能起到决定作用？法院在判决中是否有对每一种因素作出说明或者作出判断的职责？例如，法院如果认为监管部门责令改正没有法律、行政法规依据时，是否需要宣告“责令改正”没有法律效力，因此不构成犯罪，还是直接判处无罪？再如，“改正措施及期限要求是否明确、合理”并没有绝对的标准，如果只是“程度轻微”的不明确、不合理，法院应当如何处理，这是否又足以成为无罪的理由？诸如此类的问题，既涉及行政处罚与刑事制裁的衔接问题，也涉及二者的区别问题。

第六章　网络服务提供者不作为侵犯公民个人信息的刑事责任

一　问题的提出

在信息社会中，网购、社交、导航等日常行为会持续产生大量个人信息。与此同时，从个人信息的采集、存储、传输到处理以及利用等各阶段来看，其安全隐患都无处不在。美国著名的门户网站雅虎曾于2013年发生用户数据泄露事件。由于遭受黑客攻击，该公司掌握的涉及30亿用户的账户信息均被窃取和泄露。被盗信息内容涉及用户名称、电话号码及邮箱地址等。① 类似地，美国打车应用开发商"优步"于2017年被曝出遭受黑客入侵以致用户数据大量泄露事件，

① 《雅虎30亿用户账号信息泄露　涉及几千万中国用户》，http://media.people.com.cn/n1/2017/1010/c40606-29577323.html。

约有5700万使用这一软件的乘客和司机的个人资料被窃取。① 近年来，有关公民个人信息泄漏的安全事件频繁发生。信息被窃取后进入黑市交易，进而被用于实施电信诈骗等违法犯罪行为，如此，一条“窃取信息”后“利用信息”的网络黑色产业链猝然形成。鉴于此，刑法在第二百五十三条设置了“侵犯公民个人信息罪”。然而无论是基于网络社会的治理还是信息安全维护的目的，对公民个人信息不能仅仅停留在个人权利保护的层面，而应立足于网络犯罪“链条化”的整体发展态势，着眼于网络犯罪的代际演变，② 将法益保护的对象延展至社会乃至国家层面。网络服务提供者管理和支配着大量公民个人信息，在网络社会中处于枢纽地位，因此其在提供网络服务时具有维护公民个人信息安全的义务。

为了规范数据应用、保障公民个人信息安全，更好地发挥数据信息的价值和效用，网络安全监管部门迫切需要加强网络安全监管机制，并进一步明确网络服务提供者的信息安全保障义务。③ 网络服务提供者在有能力履行而拒不履行相应法定安全管理义务时，有可能承担不作为的刑事责任，既可能构成属于纯正不作为犯的拒不履行信息网络安全管理义务罪，也可能构成属于不纯正不作为犯的侵犯公民个人信息罪。罪名的具体适用应根据其提供网络服务的内容和方式、对信息违法事实的认识程度、信息犯罪危害后果发生的概率大小等因

---

① “优步”公司首席执行官达拉·科斯罗萨西（Dara·Khosrowshahi）承认，在数据资料被黑客入侵并盗取后，该公司未能及时告知信息相关人，而是选择隐瞒数据泄露的有关情况。因其对数据隐私保护不力，且严重损害公众的知情权，近期美国华盛顿州指控其违反该州数据泄密通知法，已经对其提起公诉。参见《Uber数据泄露事件带来的影响要比其他公司更严重》，http://tech.qq.com/a/20171123/025217.htm。

② 于志刚：《网络思维的演变与网络犯罪的制裁思路》，《中外法学》2014年第4期。

③ 周汉华：《论互联网法》，《中国法学》2015年第3期。

素，确定其主观犯罪心态，衡量其不作为与作为构成犯罪的等价性，并最终认定其成立侵犯公民个人信息罪的帮助犯还是构成拒不履行信息网络安全管理义务罪承担刑事责任。

二　网络服务提供者不作为侵犯公民个人信息的刑事责任基础：不作为义务

网络服务提供者出于业务开展的需要，获取并掌握了大量的公民个人信息，作为信息的使用者和管理者，其对于公民个人信息具有支配能力并占据支配地位，因而对于其在提供服务时获取到的公民个人信息负有维护信息安全的义务。同时，相较于一般人而言，网络服务提供者也具备更强的信息管理与维护能力，因此，其理应对网络服务和公民个人信息安全承担较高标准的管理和保护义务。在技术层面上，网络服务提供者应当主动加强对信息安全的维护，切断信息违法犯罪借用网络平台实施的渠道，从而将犯罪遏制于实际展开之前。另一方面，在信息违法犯罪已经发生后，网络服务提供者应当及时采取有效措施予以补救，将犯罪危害后果降至最低。当其有能力履行而不履行该法定义务时，则应依法承担相应的不作为责任。

（一）网络服务提供者不作为犯罪的责任基础

对于从事特定行业的业务人员设定相应的作为义务，并就违反该法定义务的不作为作出处罚规定是业务犯罪的一般规制思路。①

目前，关于业务犯罪中不作为行为的责任基础，理论界存在不同的见解，大致区分为“一般预防说”、“违法程度说”和“注意义务说”三种。②“一般预防说”着眼于刑法的功能与目的，认为法律规

① 陈兴良：《规范刑法学》（第三版），中国人民大学出版社 2012 年版，第 123 页。

② 黎宏：《不作为犯的研究》，武汉大学出版社 1997 年版。

范针对特定主体在构成要件要素中规定其应当履行的作为义务，目的是对从事特定业务的人员形成心理威慑，警告其不要实施相应犯罪，从而达到预防和减少业务犯罪发生的效果。然而，犯罪预防并非刑罚的唯一正当依据，刑罚首要且直接的功能应当是惩罚犯罪，预防类似业务违法行为发生的效果只能通过谴责处罚特定不法行为间接达成。“违法程度说”立足于犯罪行为的违法性程度，认为特定行业人员的犯罪对象不特定，较之于仅侵害某一个或某几个行为对象的一般犯罪而言，其法益侵害范围更广，因而违法程度也越高。① 网络服务提供者的不作为可能导致公民个人信息的大范围泄露，在互联网高速发展和广泛应用的今天，其波及范围和危害程度尤甚。由此，就客观危害后果而言，以法益保护为立场，网络服务提供者对违反信息网络安全管理义务承担不作为责任的根据应当是发生了严重的法益侵害结果。然而从违法性的本质来看，除却法益侵害，还应当包含规范的违反即行为的不法，所以不能仅依据网络服务提供者对于信息犯罪的不作为在客观上促进和扩大了危害后果，就将其视为对他人实施的信息违法犯罪行为承担不作为刑事责任的根据。“注意义务说”认为，网络服务提供者在从事提供网络服务及信息管理的业务时，相较于非从业人员而言具有绝对的技术优势，因此针对借助其平台实施信息违法犯罪的行为，其“理应比非业务人员担负起更高的注意义务，对于同样违反注意义务的行为，业务人员也应当承担相比于一般人更重的责任”。根据风险支配理论，法之所以对网络服务提供者等业务人员规定较高的作为义务，是因为当侵犯公民个人信息的违法犯罪行为发生时，网络服务提供者对于在其支配领域下发生的违法行为的危害结果具有更高的避免能力。因此，网络服务提供者是否应当对于行为人侵犯公民个人信息造成的危害后果承担责任，不能仅依据形式上其所具

① ［日］大塚仁：《刑法概说（总论）》（第三版），冯军译，中国人民大学出版社 2003 年版，第 209 页。

有的特殊主体身份判断，而应关注这一身份要素背后的特定业务内容，即取决于这种网络服务的内容仅涉及网络接入还是参与信息处理，从而推导其对于信息违法犯罪结果的发生是否具备避免能力。

由上可知，“注意义务说”承继了“违法程度说”将引起法益侵害视为承担不作为责任前提的观点。并在此基础上将避免结果发生的能力同时作为认定行为不法的依据，主张对于行为违法性的判断应结合法益侵害与义务违反两方面考量，是对“违法程度说”的发展与完善。

（二）网络服务提供者不作为犯罪的因果关系认定

对于注意义务的判断不是脱离具体事实作出的抽象评价，而应当从义务违反与结果发生两者之间的因果关系方面去寻找。① 根据相当因果关系说，在他人实施了侵犯公民个人信息的违法犯罪行为的情况下，如果网络服务提供者不履行法定的网络信息安全管理义务，并导致用户信息泄露等严重后果的发生，只有当网络服务提供者的不作为行为能够相当地引起该结果发生时，才能够认定该行为与结果之间存在刑法上的因果关系，才能进一步追究其不作为的刑事责任。

与主张规范意义上的相当因果关系理论不同，客观归责理论在因果关系的认定上，条件说相较于相当因果关系说更容易认定因果关系成立，但按照客观归责理论却不必然导致处罚范围的扩大，因为对构成要件行为进行客观归责，需要经过两个阶段的检验。第一，对行为与结果作出事实因果关系的认定。客观归责理论以“风险升高理论”作为论证条件因果关系存在的依据，认为只要行为具有促进危害结果发生的客观危险，而且该危险实际造成了符合构成要件的危害结果的发生，则该创设风险的行为与危害结果之间便具有因果关系。具体到网络服务提供者侵犯公民个人信息的不作为犯罪，只要明确网络服务

① ［日］西原春夫：《犯罪实行行为论》，戴波、江溯译，北京大学出版社2005年版，第126页。

提供者的义务违反行为是信息违法的危害后果发生的条件，就可以认定二者之间存在因果关系，即事实因果关系。第二，在事实因果关系成立的前提下，根据其他归责要素，判断结果能否归属于行为人的行为。其中，“影响结果归责的因素包括结果避免可能性、被害人承诺、认识错误，等等”①。只有在危害后果能够归属于网络服务提供者的不作为的情况下，网络服务提供者才应当对其不作为造成的危害结果承担刑事责任。对于结果归责的判断方面，根据“允许的风险理论”。当一行为客观上对法益造成了一定的危险，但“该行为并非为法律所不允许，而系具有社会相当性的正常行为，而且其制造的风险只是一般的生活风险，则不能认为行为以相当的方式侵害了法益。”② 网络服务提供者提供的技术性服务具有帮助行为的中立性，虽然提供网络存储、通信传输、互联网介入、服务器托管等技术服务的行为客观上能够为信息违法犯罪的实施提供便利，同时提高了既遂结果发生的可能性，但不能仅因网络技术服务将可能引发不利后果，就断然否定其在网络时代可能产生的巨大价值和积极作用。这种允许在特定时期风险存在并承认其正当性的理论，是对社会发展与公民生存二者之间利益冲突进行权衡及调和的结果。因此，不应将网络服务提供者提供网络服务这一法所允许的风险作为创设风险的先行行为，从而认定网络服务提供行为与信息犯罪危害后果之间具有因果关系，否则便可能不当地扩大因果关系的归责范围，同时也与存疑有利于被告的原则相违背。另外，在实际操作层面，面对庞杂的亿万条数据信息，要求网络服务提供者认真逐字逐条地进行审查，这种巨大的任务量已经远远超过了服务提供者的能力范围，与经济社会的效率原则背道而驰，同时也不利于保证互联网技术开发与应用的积极性。此外，如果信息犯罪的危害结果与网络服务提供者的不作为之间存在因果关

① 张明楷：《刑法学》（第五版），法律出版社 2016 年版，第 180 页。

② 许玉秀：《当代刑法思潮》，中国民主法制出版社 2005 年版，第 392 页。

系，而且行为超出了法所允许的风险范围，可是当危害结果的发生不具有避免可能性时，便不能将该结果归属于网络服务提供者对于信息安全管理的不作为，网络服务提供者也就不成立不作为犯罪。

三　侵犯公民个人信息罪的适用场域：不纯正的不作为

由于侵犯公民个人信息罪既可以以非法出售、提供或者非法获取等作为方式构成，也可以以不作为的方式构成，因而属于不纯正的不作为犯罪。如果网络服务提供者消极地不履行信息网络安全管理义务，则可能与非法出售、提供或者非法获取个人信息的犯罪行为人成立共同犯罪，属于以不作为的方式构成侵犯公民个人信息罪的帮助犯。判断网络服务提供者对于侵犯公民个人信息违法犯罪行为的不作为能否构成侵犯公民个人信息罪的共犯，需要从网络服务提供者的主观认识和客观行为两方面综合考察。

（一）对信息犯罪危害后果的预见程度

网络服务提供者提供的网络信息服务虽然客观上对信息违法犯罪行为的实施产生了帮助作用，但在侵犯公民个人信息犯罪行为的共同故意方面，却缺乏与信息违法犯罪行为人事前的犯罪意思联络。即使网络服务提供者预见到不法行为人有利用其提供的网络服务开展犯罪活动的可能，可仅以这种预见程度，尚不足以认定网络服务提供者与信息犯罪行为人之间存在犯罪意思联络。不过也不能因此截然否定网络服务提供者与直接实施信息犯罪的行为人间存在共同犯罪的可能。在网络服务提供者对于信息犯罪危害行为及其产生的危害后果为明知或者应当知道的情形下，则可能构成侵犯公民个人信息罪的共犯。

关于网络服务提供者未履行法定义务的主观心态的判断，有一种观点认为，如果行为人明确地知道其行为必将或可能导致有害结果，且仍不采取措施以阻止其发生的，则认定其具有追求或希望结果发生的意图。①

网络服务提供者在进行信息犯罪的情况下，尽管其主观方面较难通过对危害结果发生的预见程度来判断，但外部因素则可以较客观地辅助反映。2014 年 8 月，最高人民法院颁布了《关于审理利用信息网络侵害人身权益民事纠纷案件适用法律若干问题的规定》。该规定的第 9 条为判断网络服务提供者的主观方面提供了客观标准。②

（二）不作为与侵害公民个人信息的作为的等价性

如果网络服务提供者明知网络用户利用其提供的信息网络服务实施个人信息违法犯罪而不予以制止，同时其不作为与行为人侵犯公民个人信息的作为之间具有等价性的，则可以认定网络服务提供者以不作为的方式构成侵犯公民个人信息罪。“等价性”的判断标准包括法益侵害的等价性以及对犯罪因果流程支配力的等价性。

1. 法益侵害的等价性

网络服务提供者成立侵犯公民个人信息罪的帮助犯，要求其提供网络服务的帮助行为必须对信息犯罪的实行行为具有加功作用，既可以是客观行为层面的帮助，也可以是加强犯罪决意等心理层面的帮助，如果该客观帮助行为对于犯罪实行行为人的犯罪行为和犯罪心理均没有促进作用，则网络服务提供者不成立本罪的帮助犯。网络服务

---

① ［德］乌尔斯·金德霍伊泽尔：《刑法总论教科书》（第六版），蔡桂生译，北京大学出版社 2015 年版。

② 《关于审理利用信息网络侵害人身权益民事纠纷案件适用法律若干问题的规定》第九条具体内容包括：“（一）网络服务提供者是否以人工或者自动方式对侵权网络信息以推荐、排名、选择、编辑、整理、修改等方式作出处理；（二）网络服务提供者应当具备的管理信息的能力，以及所提供服务的性质、方式及其引发侵权的可能性大小；（三）该网络信息侵害人身权益的类型及明显程度；（四）该网络信息的社会影响程度或者一定时间内的浏览量；（五）网络服务提供者采取预防侵权措施的技术可能性及其是否采取了相应的合理措施；（六）网络服务提供者是否针对同一网络用户的重复侵权行为或者同一侵权信息采取了相应的合理措施；（七）与本案相关的其他因素。”

提供者在明知行为人正在利用其提供的网络技术服务进行信息违法犯罪的情况下，仍不采取有效措施防止或者减少危害后果发生，而是怠于履行信息网络安全管理义务的，客观上对于信息违法犯罪行为的顺利实施提供了助益，促进并扩大了法益侵害的结果，这与积极侵害公民个人信息的作为对法益造成的影响并无根本不同①，故属于以不作为的方式成立侵犯公民个人信息罪的帮助犯。

需要注意的是，网络服务提供者的不作为构成信息犯罪共犯的前提是侵犯公民个人信息的犯罪行为尚未实行完毕。信息犯罪一旦实施完毕并达到既遂，即便网络服务提供者对于信息安全管理的不作为造成或者扩大了信息犯罪的危害后果，也不可能成立侵犯公民个人信息犯罪的共犯。换言之，网络服务提供者只有在他人实施公民个人信息犯罪之时，明知不法行为存在却不及时采取有效措施的，对于这种信息网络安全管理义务的违反，则可能成立侵犯公民个人信息罪的共同犯罪。

2. 因果流程的等价性

在满足法益侵害等价性的前提下，再从不作为对于引起危害结果发生的因果流程的支配程度来看，如果网络服务提供者的不作为与作为犯罪对于该因果流程的支配程度相当②，便足以认定网络服务提供者对于信息安全管理的不作为与作为在构成侵犯公民个人信息罪之间具有等价性。

“不作为犯罪以假定的因果关系为犯罪成立前提，即‘假如行为人实施了被期待的行为，则结果就能够被避免’，正因为这种因果关系不是事实存在的，所以如果能够认定防止结果发生不具有可能性的话，行为对于因果关系进程便不具有控制力。”③ 换言之，不作为行

---

① 葛立刚：《网络服务商不作为刑事责任的边界》，《西南政法大学学报》2016 年第 6 期。

② 何庆仁：《义务犯研究》，中国人民大学出版社 2010 年版，第 73 页。

③ ［日］大谷实：《刑法讲义总论》，黎宏译，中国人民大学出版社 2008 年版，第 128 页。

为增加了法益受到侵害的危险，如果采取了相应的作为仍不能够避免危害结果的发生，则不作为对于危害结果发生的因果流程便不具有支配力，从而不作为犯罪的这种假定因果关系也就不能等价于作为犯罪引起结果发生的事实因果关系。

对于不作为犯罪行为人来说，其对因果流程的支配程度体现在其避免结果发生的能力方面。网络服务提供者如果对于侵害公民个人信息的危害结果的发生根本不具有避免可能性，那么即便其存在违反法定作为义务的行为，也不应当对于这一危害后果承担不作为的刑事责任。例如，黑客开发一种新型技术窃取公民信息，而且手段具有极强的隐蔽性，假如网络服务提供者根本不可能发现，或者纵使能够预见并及时采取措施、履行相应信息安全管理义务，仍不能阻止信息泄露危害后果发生的，这种情况下由于不具有结果避免可能性，所以不能将该客观危害结果归责于该网络服务提供者。结合前文采取的关于网络服务提供者不作为犯罪的责任基础的表述，在网络服务提供者应当预见侵犯公民个人信息的违法行为事实及损害后果，却没有预见的情况下，仅根据这一预见义务的违反尚不足以认定网络服务提供者的不作为责任，还应结合其对于行为危害后果的发生是否具有避免可能性来综合判断。在及时采取补救措施也不可能避免危害结果发生的情况下，网络服务提供者就不应当成立侵犯公民个人信息的不作为犯罪。

四　拒不履行信息网络安全管理义务罪的适用场域：纯正的不作为

根据我国刑法第 260 条之一的规定，网络服务提供者在经监管部门责令改正后，仍不履行法律、行政法规规定的信息网络安全管理义务，造成四种法定情形之一的，则依法成立拒不履行信息网络安全管理义务罪。具体到针对公民个人信息的犯罪中，网络服务提供者对其收集、存储的用户个人信息具有安全维护和管理的义务，如果因不履行法定义务“致使用户信息泄露，造成严重后果的”，则应以本罪定罪论处。对于该罪的理论认定，本章将从行为主体、义务来源、行政前置程序三个方面进行分别阐述。

（一）行为主体：网络服务提供者的责任类型

2000年欧盟颁布了《2000年6月8日欧洲议会及欧盟理事会关于共同体内部市场的信息社会服务，尤其是电子商务的若干法律方面的第2000/31/EC号指令》（以下简称《电子商务指令》），主要适用于与电子商务有关的信息服务的监管。网络服务提供者的责任免除条款仅限于提供“纯技术性、自动和被动”的网络服务。“临时存储”或“纯粹传输”之外的服务内容，当然不能适用免责条款。由此观之，该指令对网络服务提供者的服务类型的区分主要作为确定风险分担和义务违反的认定因素而存在。

根据网络服务提供者的具体服务内容，传统上网络服务提供者可被区分为以下两种：其一，是对通过网络发布的信息进行加工处理，这类网络服务提供者被称为网络内容服务提供者；其二，是不对信息内容进行处理和加工，而仅提供用于传播网络信息的媒介服务，因此这类网络服务提供者被称为网络中介服务提供者。需要注意的是，对于后者，即网络中介服务提供者，由于其并未参与信息实质内容的处理，因此，对于信息违法犯罪的事实缺乏主观认识，根据刑法上主客观相统一的基本责任原则，基于结果导致的责任不能归咎于仅具有媒介作用的网络服务提供者。此外还应当注意的是，网络服务提供者的类型只是形式上的分类，不能机械地依此进行责任的判断和认定，而应根据其对于侵害行为及后果的注意与预见能力综合判定。

（二）义务来源：“法律、行政法规规定的信息网络安全管理义务”

拒不履行信息网络安全管理义务罪属于纯正的不作为犯罪，只能以不履行法定义务这种不作为的方式构成，根据刑法第二百八十六条之一的规定，本罪的义务来源是“法律、行政法规规定的信息网络安全管理义务”，因此，不能将违反国家政策、地方性法规或者部门规章的规定的安全管理义务也作为本罪的认定依据。根据我国 2016 年 11 月通过的《网络安全法》的规定，网络服务提供者的作为义务可概括为以下三个方面，即技术要素方面的安全维护义务、组织管理方面的义务以及在线内容管理方面的义务。① 一般而言，网络服务提供者并未参与对信息内容的实质处理，因此拒不履行信息网络安全管理义务罪中的义务违反，主要针对网络服务主体消极地不履行对于网络安全的技术性层面和组织管理层面的义务，既包括作为的义务，也包括不作为的义务。

1. 技术维护义务

企业、机构等网络服务提供者为了自身开展业务的需要，或是出于给用户提供更为人性化的优质服务、提高市场竞争力等目的，往往需要采集用户的个人信息。用户只有在同意其信息被收集的前提下，才能获得该企业或者机构提供的相应服务。网络服务提供者既然将用户的个人信息置于其支配之下，便对该信息的安全产生了管理与维护的义务和责任，所以理应加强数据安全的技术防护，防止信息被泄露和不法获取。

（1）收集、存储过程中的信息安全维护义务

美国 2002 年 12 月出台的《联邦信息安全管理法案》（Federal Information Security Management Act）对于“信息安全（information security）”的含义作出了明确规定：“信息安全指保护信息和信息系统，防止未经授权的访问、使用、泄露、中断、修改或破坏”②，以确保信息的完整性、可用性和保密性。企业根据与用户达成的数据收集协议收集用户的个人信息。该信息通常通过公共网络传输。因此，

---

① 裴炜：《针对用户个人信息的网络服务提供者协助执法义务边界》，《网络信息法学研究》2018 年第 1 期；涂龙科：《网络内容管理义务与网络服务提供者的刑事责任》，《法学评论》2016 年第 3 期。

② See Federal Information Security Management Act. Section3542(b)(1).

应该对信息进行加密，以防止在传输过程中可能发生数据被泄露、篡改和盗取的隐患。棱镜计划（“Prism Project”）即是通过拦截的方式非法获取网络中心服务器收集的数据，从而造成了严重的数据信息泄露事件。

根据《网络安全法》第21条第2项之规定，网络运营者应当“采取防范计算机病毒和网络攻击、网络侵入等危害网络安全行为的技术措施”，履行网络安全保护义务，确保网络免受干扰、破坏或者未经授权的访问。为了数据存储的安全性，除了采取针对黑客外部攻击的数据加密技术措施外，公司还需要同样注意内部人员的信息泄露。企业应该为内部人员设置数据访问权限，并使用此访问控制技术来避免其利用职务之便获取和非法使用用户信息。

（2）数据流通过程中的信息安全维护义务

企业自身收集的数据具有专一性，同类数据如果不与其他行业或领域的数据相结合，就难以深入分析数据之间的关联，从而不能发掘出数据更深层次的价值。为了突破数据孤岛的问题，实现数据间的流通，数据交易便相应而生。大数据交易为有需求的交易双方搭建一座数据交换的桥梁，借助专业化的信息分析与结构处理技术，对原始数据进行改造，并将分析结果应用于提高企业服务水平、增强企业市场竞争力。贵州大数据交易所的在线交易类型包括金融大数据、征信大数据、医疗大数据以及交通运输大数据等三十多种类型。

根据《网络安全法》第21条第4项的规定，为了防止网络数据泄露或者被窃取、篡改，网络运营者应当“采取数据分类、重要数据备份和加密等措施”。因此，符合交易条件的数据应当已经经过数据清洗、数据脱敏等匿名化处理，过滤除去隐私等重要身份信息，能够保证信息内容不再具有身份识别性，即信息单独或者与其他信息结合不会反映出特定人身份或者活动情况。从而在最大限度地挖掘与利用数据价值的同时，也能够保证网络用户的个人信息与隐私安全。

2. 信息泄露通知义务

如果信息泄露的事实已经发生，为防止后续损害的进一步扩大，掌握与管理数据信息的网络服务提供者，必须及时将数据泄露的情况予以披露，向网络监管部门报告，并通知受影响的用户。欧盟于 2018 年 5 月开始实施的《一般数据保护条例》（General Data Protection Regulation）（以下简称《条例》），在第 33 条规定了有关数据泄露的通知义务。① 同时，《条例》对于违反数据泄露通知义务的责任主体，也规定了高额的罚款作为处罚措施。我国《网络安全法》第四十二条第二款也对数据泄露的告知义务作出了相应规定。② 在已经发生用户数据泄露且不可挽回时，唯一的补救措施就是及时告知可能受影响的用户，使其知悉本人信息泄露的实情。不法之人一旦掌握了公民的个人信息，极有可能会进一步实施电信诈骗等违法犯罪行为，如利用电话号码、邮箱地址发送中奖诈骗信息，利用社交通信软件冒充被害人的亲友或者假冒公检法国家机关工作人员进而实施诈骗，等等。被害人知晓其信息泄露的情况，就会对此保持警觉，而不会轻易上当受骗，从而将信息泄露的危害后果降至最低。

信息安全维护与数据产业发展之间虽然存在利益冲突，但并非截然对立。数据信息泄露既会直接损害用户利益，但同时也会对企业自身的发展产生间接的不利影响。当信息泄露、网络诈骗等信息安全事故频繁发生时，用户为了保护其个人信息不被企业非法买卖或者提供给他人，在需要填写本人信息的场景，便可能故意填写不实信息。企业在对其收集的用户数据进行比对整合时，由于数据本身不实，其得出的分析结果与现实情况也会存在偏差，因而也无法对数据潜在的价

① 根据条例的要求，发生数据泄露的机构在知悉泄露事实后的 72 小时内，应当向相关数据保护监管机构进行报告，不得无故拖延；当数据泄露将对个人的权益造成高风险时，必须立即通知数据当事人。

② 在发生或者可能发生个人信息泄露、毁损、丢失的情况时，应当立即采取补救措施，按照规定及时告知用户并向有关主管部门报告。

值进行挖掘和利用。① 只有坚持数据的发展利用与信息的安全保护同步进行，才能使数据效益最大化，数据产业才能持续发展。

（三）行政前置程序："经监管部门责令采取改正措施而拒不改正"

美国 1998 年出台的《数字千年版权法案》（Digital Millennium Copyright Act）最早用于对数字化时代网络著作权的保护，其中对网络服务提供者（Internet Service Provider）的责任承担提出了一项重要的归责原则——"避风港原则"。该原则为保护网络服务提供者提供了一个安全港湾，旨在限制和减轻网络服务提供者的责任，主要包括"通知"和"移除"两项具体内容——网络服务提供者事先不知其存储、提供链接的信息含有侵权内容的，在接到著作权人的通知后，及时删除侵权内容或者断开链接的，则不承担赔偿责任。网络的应用与普及引发互联网时代的信息爆炸，如果要求网络服务提供者对于在其平台存储、链接的所有信息内容均应先经过审查后才予以发布，必将不利于社会经济的发展和文化的交流传播。为了平衡利益冲突，我国于 2010 年 7 月施行的《侵权责任法》引入了"避风港规则"②，该规则明确了网络服务提供者的责任承担应当采取过错责任原则。在认定网络服务提供者的民事责任时，将对网络用户权利人的通知作为必要前提。在涉及民刑衔接的场域，追究网络服务提供者的刑事责任之前，同样应当先采取其他救济方式，但不同于侵权责任法中规定的"通知"，在刑事责任领域则为遵循"经监管部门责令采取改正措施"这一法定程序。

---

① 刘雅辉、张铁赢、靳小龙、程学旗：《大数据时代的个人隐私保护》，《计算机研究与发展》2015 年第 1 期。

② 《侵权责任法》第 36 条第 2 款："网络用户利用网络服务实施侵权行为的，被侵权人有权通知网络服务提供者采取删除、屏蔽、断开链接等必要措施。网络服务提供者接到通知后未及时采取必要措施的，对损害的扩大部分与该网络用户承担连带责任。"第 3 款："网络服务提供者知道网络用户利用其网络服务侵害他人民事权益，未采取必要措施的，与该网络用户承担连带责任。"

对于“监管部门”的内涵与外延的界定，网络安全监管部门是指依法具有网络安全监督管理职权的政府机构。① 尽管在我国的网络安全监管体系中，除了行政监管外，企业间自发形成的行业监管在网络安全的管理和维护中也起着重要作用，但是它不能用于加大对网络服务提供者的惩罚和打击力度。因而不能扩大对“监管部门”的解释以包括企业内部监管。另外，拒不履行信息网络安全管理义务罪没有成立未遂的可能。② 因此，本罪不存在未遂状态，只有罪与非罪之分。

穷尽行政救济后方能启动刑法这一最后制裁手段，这既是刑法自身谦抑性的要求，同时也是一般行政违法与刑事犯罪相互衔接的要求。但是，是否正如有学者所担心的那样，如果只有在监管部门进行了通知责令改正之后，网络服务提供者仍不采取改正措施的，才有成立犯罪之可能，这一行政前置程序的存在会使拒不履行信息网络安全管理义务罪成为备而无用的罪名？③ 事实上从主观方面，如果能够认定网络服务提供者主观上具有帮助行为人实施公民个人信息犯罪的故意，即明知行为人实施了损害公民个人信息的违法犯罪行为，却不主动采取措施加以制止的，则系以不作为的方式构成公民个人信息犯罪的帮助犯，而不再符合拒不履行信息网络安全管理义务罪的构成要

① 根据具体职能的不同进行划分，包括工业和信息化部门、宣传部门、公安部门、工商管理部门等共计 16 个职能部门。刘素华：《大数据时代保障公民数据信息安全的网络治理》，《理论视野》2016 年第 11 期。

② 因为假如在监管部门作出责令改正的行政指令之前，网络服务提供者存在违反相关法律法规规定的义务的行为，并已造成用户信息泄露，产生严重后果，但只要行政监管部门尚未发出“责令改正”的通知，则不构成本罪。而且，在监管部门责令改正后，如果网络服务提供者积极采取改正措施的，同样不构成本罪，而非认定为本罪的未遂。谢望原：《论拒不履行信息网络安全管理义务罪》，《中国法学》2017 年第 2 期。

③ 李怀胜：《公民个人信息的刑法保护思路》，《中国信息安全》2017 年第 1 期。

件，在这种情况下，就不必等到行政监管部门已经对其发出整改命令之后再追究其不作为的法律责任。

五 网络服务提供者不作为的责任限度

在大数据时代背景下，社会信息化的发展趋势已然不可逆转。信息化给我们的工作、生活带来便利的同时，信息泄露和信息违法犯罪也成为潜在的威胁。治理网络空间，惩罚信息不法行为，明确责任者的义务内容，是当下保护公民个人信息安全，规范网络社会秩序的必要举措。然而，刑法作为保护国家和公民的最后防线，因其制裁手段的严厉性，必须审慎适用，不当适用或者滥用刑罚都将不利于网络社会的发展，阻滞文化和信息的交流与传播。近来针对公民个人信息的违法犯罪活动愈演愈烈，信息犯罪不可不依法惩治，但必须秉持法重在疏导而非抑制的治理理念。故而，界定网络服务提供者在侵犯公民个人信息行为中的责任边界，一方面可以明确其依法构成不作为犯罪的认定标准，另一方面也具有限制犯罪成立范围的作用，以确保谦抑的刑法观得以彰显。

（一）主观认知与客观结果

网络服务提供者消极地不履行法定网络安全管理义务，不论其不作为依法构成侵犯公民个人信息罪的共同犯罪抑或拒不履行信息网络安全管理义务罪，都要求其主观上对于违法犯罪事实的发生存在认识。“认识、预见的事实是指包含于构成要件之中的事实”①，因此在不作为地侵犯公民个人信息犯罪中，则需要网络服务提供者对存在针对个人信息的不法行为和不法行为将导致的严重后果具有认识。

1. 信息犯罪结果的预见程度

从理论上讲，网络服务提供者如果没有可能预见到个人信息违法

① ［日］山口厚：《刑法总论》（第二版），付立庆译，中国人民大学出版社2011年版，第188页。

行为的存在，那么其客观上的不作为因欠缺主观罪过而不具有可责性。对于信息庞杂、违法手段隐蔽的互联网领域犯罪来说，很多时候存在信息违法难以鉴别或者鉴别需要耗费巨大财力和人力的情况，这时即便造成了严重的危害后果，网络服务提供者也不应对该结果承担责任。至于当对信息犯罪结果的预见达到何种程度时，才能追究网络服务提供者的不作为责任，从构成拒不履行信息网络安全管理义务罪的“监管部门责令采取改正措施”这一要件来看，网络服务提供者在被责令采取改正措施之后，其对于公民个人信息安全犯罪损害结果的发生便很难说没有预见和认识，此时网络服务提供者仍拒不改正，不采取有效的安全管理措施的，依法构成拒不履行信息网络安全管理义务罪，因此，成立本罪要求网络服务主体对于危害结果发生达到明知或应知程度。同样地，网络服务提供者在与侵犯公民个人信息行为人共同故意犯罪时，其对于信息犯罪危害后果的预见程度也为明知或者应当知道。虽然在具体司法实践中，网络服务提供者的主观态度往往难以查明，但通过采取主观心态客观化的判断思路，根据信息犯罪的严重程度、网络服务提供者的外在行为等，可以推知其对于信息犯罪危害后果的预见程度。

2. 信息犯罪结果的严重程度

在行为人实施信息违法犯罪的过程中，如果能够认定网络服务提供者与行为人构成侵犯公民个人信息罪的共同犯罪的，按照共同犯罪“部分实行全部责任”的处理原则，作为帮助犯的网络服务提供者应当对公民个人信息犯罪造成的全部危害后果承担刑事责任，只是在量刑上根据其在共同犯罪中所发挥的作用而予以从轻、减轻或者免除处罚。如果侵害公民个人信息的犯罪行为已经既遂，网络服务提供者的不作为便不成立信息犯罪的共犯，在符合拒不履行信息网络安全管理义务罪的犯罪构成时，则依法成立拒不履行信息网络安全管理义务罪。拒不履行信息网络安全管理义务罪属于结果犯，网络服务提供者拒不履行法律、行政法规规定的信息网络安全管理义务，只有在导致用户信息泄露，并造成严重危害后果时，才能认定构成本罪。用户个人信息泄露造成的危害后果包括对于用户本人财产权利和人身权利两方面的损害，比如造成重大经济损失，或者造成被害人死亡、重伤、精神失常或者被绑架等严重后果。

网络服务提供者仅对因未履行法律义务而导致的结果扩大部分负责，而不能将因信息犯罪而导致的犯罪结果全部归于他。原因在于当不存在共同犯罪的情况时，网络服务提供者的不作为不会对信息犯罪加功。因此，该不作为与信息犯罪造成的损害之间不存在因果关系。它仅对因未履行安全管理义务而造成的危害后果负责。民事领域在法律责任方面也遵循相同的原则。① 虽然民法的功能主要在于恢复原状、损害赔偿，目的是弥补和修复被侵害的状态，与刑法具有的惩罚功能不同，但在责任范围和责任承担方面，以及谨慎追究网络服务提供者的法律责任这一法律理念上，二者是相互契合的。

（二）“技术中立原则”的适用与限制

“技术中立原则”最早确立并适用于规范网络知识产权的场域，随后泛化并被应用于网络场域内法律争议问题的解决。1984 年美国联邦法院在“环球电影制片公司诉索尼公司案”② 中，最早提出具有“实质性非侵权用途”的技术不构成对侵权行为的帮助。技术作为一种手段，本身不具有违法性质，也不能成为认定犯罪行为成立或者行为违法的依据，即便被犯罪行为人作为实施犯罪的工具，也不能仅以技术在客观上促进或推动了犯罪实现为由，认定提供技术一方构

---

① 《侵权责任法》第 36 条规定，在被通知后仍未及时采取必要措施的，网络服务提供者仅就“损害的扩大部分”与侵权网络用户一同承担责任。吴汉东：《论网络服务提供者的著作权侵权责任》，《中国法学》2011 年第 2 期。

② 美国环球电影制片公司和迪斯尼制片公司向加利福尼亚州中区地区法院起诉索尼公司，认为消费者未经许可使用 Bebamax 录像机录制其享有版权的电影构成侵权。1984 年 1 月 18 日，美国最高法院以 5 票对 4 票的多数作出了判决：索尼公司出售具有“实质性非侵权用途”的录像机并不构成“帮助侵权”。

成对该犯罪行为的帮助。技术中立的法律理念与刑法中的相当因果关系理念相一致，都具有限制犯罪成立范围的功能。技术手段客观上为犯罪行为的实施提供了便利条件，从而促进了危害结果的发生，但仅此尚不足以认定帮助行为与犯罪结果之间存在法律上的因果关系，必须是这种帮助相当地引起了犯罪结果发生，才能够认定成立法律上的因果关系，提供该技术帮助的主体才能够成立该罪的帮助犯。

随着网络技术的飞速发展和广泛应用，相关违法犯罪行为也借助网络渠道，通过网络技术手段实现具体犯罪或者用于扩大犯罪的影响范围。网络服务提供者提供的网络技术存在被用于犯罪的可能，因此提供网络服务的行为具有侵害法益的危险，但法律上允许网络服务提供者信赖自己所提供的这种服务不会被用于违法犯罪。提供网络服务的行为一般性与业务性并存，该行为尽管增加了犯罪结果的发生风险，但是由于该风险为法律所允许故而不具备可责性。如果网络服务提供者在明知网络技术被用于实施犯罪行为后没有采取有效的措施（如及时删除和断开链接等），由于其已经预见到有害结果可能发生，因而其不作为与该有害结果具有相当的因果关系，故此网络服务提供者也无法依技术中立性原则排除其不作为的责任。

六　结语

2018 年 7 月 12 日，中国互联网大会于北京召开。中国信息通信研究院在会上正式发布了《2018 年大数据安全白皮书》。白皮书针对大数据时代存在的信息安全风险——数据安全、个人隐私安全和平台安全，对公民个人信息保护应采取的措施作出了一系列合规指引。数据信息已发展成一种无形资产，在商业投资、政府管理、个人发展等各方面发挥着重要作用。然而，信息产业的发展也催生了信息安全风险，公民个人信息安全正面临着前所未有的威胁和挑战，因此对信息安全的有效维护再次被提上新高度。

从我国刑法针对计算机数据与信息安全的立法沿革来看，法律对于数据与信息的保护经历了从形式到实质的发展历程。具体来说，在保护对象上，从保护计算机信息系统本身发展到保护具有实质内容与独立价值的数据；在保护思路上，则从注重事后的法律规制向发挥事前的监管预防作用转变。

维护公民个人信息安全，网络服务提供者应当审慎对待其主体责任，与此同时刑法也应恪守罪刑法定原则的底线，坚持“有所为有所不为”。尽管在侵犯公民个人信息的违法犯罪行为屡禁不止的严重情势之下，“重典治世”的严打方式或许能够在短期内取得抑制信息犯罪的良好社会效果，但却不利于互联网领域的持续创新与长远发展。因此，必须明确罪与非罪、刑事犯罪与一般违法的界限。在运用现有技术措施不足以防控信息犯罪危害结果发生的情况下，应否定法益侵害结果与网络服务提供者不作为之间的因果关系。法不能强人所难，在信息犯罪的危害结果不具有避免可能性时，则不应当追究网络服务提供者的不作为责任。

第七章　网络服务提供者的“明知”

网络服务提供行为属于网络中立帮助行为，只有当网络服务提供者明知正犯实施具有刑事可罚性的行为，其行为才可能丧失“日常的特征”，进而被评价为刑法上的帮助行为。① 我国刑事司法解释一贯将明知他人利用信息网络实施犯罪仍为其提供网络服务的作为相应犯罪的共犯处理。②《刑法修正案（九）》增设的两个与网络服务提供者紧密相关的正犯条款中，“明知”是正犯成立的关键要素。③ 网络

---

① ［德］克劳斯·罗克辛：《德国刑法学总论·犯罪行为的特别表现形式》（第2卷），王世洲主译与校订，法律出版社2013年版，第164页。

② 《关于办理利用互联网、移动通讯终端、声讯台制作、复制、出版、贩卖、传播淫秽电子刑事案件具体应用法律若干问题的解释》第7条；《关于办理网络赌博犯罪案件适用法律若干问题的意见》第2点第一款；《关于办理危害计算机信息系统安全刑事案件应用法律若干问题的解释》第9条；《关于办理利用信息网络实施诽谤等刑事案件适用法律若干问题的解释》第8条；《关于办理电信网络诈骗等刑事案件适用法律若干问题的意见》第4点第（三）款第5项。

③ 拒不履行信息网络安全管理义务罪是纯正的网络服务提供者犯罪，“网络服务提供者经监管部门责令采取改正措施而拒不改正”是成立本罪的必要条件，“经责令”表明网络服务提供者对于他人利用自己的服务实施违法行为必然存在认识。帮助信息网络犯罪活动罪是与网络服务提供相关的犯罪，虽未将主体限定于网络服务提供者，但“明知”是犯罪成立的必要条件，“网络服务提供者明知他人利用信息网络实施犯罪，为其犯罪提供网络服务”可能成立本罪。

服务提供者的明知是其承担刑事责任的前提，也是划定刑事责任范围和边界的依据。① 由于网络空间的低门槛、易入性、匿名性，网络服务的对象数量多且不特定，网络服务提供者无法像“看门人”那样逐一查验服务对象的身份和行为。② 因此认定网络服务提供者的明知需建构区别于传统明知认定方法的理论模型和判断标准。

一 问题的提出

对“明知”的理论探讨存在诸多争议。首先，法律、法规、司法解释对“明知”“知道”“应知”“有合理理由知道”混搭使用，学界对此形成不同的理解，就“明知”与“知道”的关系而言，分别有“知道包含明知”、③ “明知包含知道”④ 、“明知等同于知道”⑤ 三种观点；就“明知”与“应知”的关系而言，分别有“明

---

① Methaya Sirichit, “Catching the Conscience an Analysis of the Knowledge Theory Under 512 c Safe Harbor and the Role of Willful Blindness in the Finding of Red Flag”, *Albany Law Journal of Science & Technology*, Vol 23, 2012, p. 85.

② Vojtech Mlynar, “A Storm in ISP Safe Harbor Provisions: The Shift from Requiring Passive-Reactive to Active-Preventative Behavior and Back”, *Intellectual Property Law Bulletin*, Vol. 19, 2014, pp. 25-26.

③ 陈锦川：《网络服务提供者过错认定的研究》，《知识产权》2011 年第 2 期。

④ 皮勇、黄琰：《论刑法中的“应当知道”——兼论刑法边界的扩张》，《法学评论》2012 年第 1 期。

⑤ 邹兵建：《“明知”未必是“故犯”——论刑法“明知”的罪过形式》，《中外法学》2015 年第 5 期。

知不包含应知”① 和“明知包含应知”② 两种截然对立的观点。其次，关于明知的认识程度，有论者认为明知必须是确定性的认识，③另有论者认为明知包括确定性认识和可能性认识，④ 还有论者认为，明知包括必然性认识、高度可能性认识、可能性认识。⑤ 最后，对于明知推定的性质，有论者认为明知的推定有别于明知的证明，是证明的一种替代方法，⑥ 另有论者认为推定本来就是一种证明方法。⑦由此，明知究竟应当如何定义？具体而言，“明知”“知道”“应知”“有合理理由知道”的含义分别是什么，它们之间的关系怎么理解？

---

① 张明楷：《如何理解和认定窝赃、销赃罪中的“明知”》，《法学评论》1997年第2期；刘科：《帮助信息网络犯罪活动罪探析——以为网络知识产权犯罪活动提供帮助的犯罪行为为视角》，《知识产权》2015年第12期。

② 刘宪权：《论信息网络技术滥用行为的刑事责任——〈刑法修正案（九）〉相关条款的理解与适用》，《政法论坛》2015年第6期；皮勇、黄琰：《论刑法中的“应当知道”——兼论刑法边界的扩张》，《法学评论》2012年第1期；陈兴良：《“应当知道”的刑法界说》，《法学》2005年第7期。

③ 刘科：《帮助信息网络犯罪活动罪探析——以为网络知识产权犯罪活动提供帮助的犯罪行为为视角》，《知识产权》2015年第12期。

④ 王新：《我国刑法中“明知”的含义和认定——基于刑事立法和司法解释的分析》，《法制与社会发展》2013年第1期；张明楷：《如何理解和认定窝赃、销赃罪中的“明知”》，《法学评论》1997年第2期。

⑤ 邹兵建：《“明知”未必是“故犯”——论刑法“明知”的罪过形式》，《中外法学》2015年第5期。

⑥ 孙万怀、刘宁：《刑法中的“应知”引入的滥觞及标准限定》，《法学杂志》2013年第9期；张云鹏：《刑事推定研究》，《刑事法评论》第20卷，中国政法大学出版社2007年版，第510—538页。

⑦ 王新：《我国刑法中“明知”的含义和认定——基于刑事立法和司法解释的分析》，《法制与社会发展》2013年第1期；张明楷：《如何理解和认定窝赃、销赃罪中的“明知”》，《法学评论》1997年第2期。

“应知”是否提示犯罪过失中的注意义务？网络服务提供者的明知要达到什么程度？明知的推定应如何定性？

我国网络服务提供者刑事第一案——快播公司及其主管人员传播淫秽物品牟利案（下文简称“快播案”）凸显的问题是网络服务提供者的明知究竟应当如何判断？具体而言，网络服务提供者的明知是概括性认识还是具体性认识？是高度盖然性的认识还是一般可能性的认识？是对他人实施犯罪行为的认识还是对他人实施一般违法行为的认识？据以推定明知的事实基础有哪些？

“快播案”并非孤例，网络先行国家早已出现了网络服务提供者刑事案件。域外刑事案件中网络服务提供者明知判断规则究竟应当如何在我国的法治框架下适用？具体而言，域外刑事案件中网络服务提供者明知认定存在哪些难题？法官为化解这些难题提出了哪些网络服务提供者明知判断规则？这些规则能否解决“快播案”展现出来的网络服务提供者明知认定难题？将这些规则引入我国是否有足够的理论支撑？这些规则能否自洽地运用于现有的案例，并甄别哪些网络服务提供者存在明知？

本章使用的研究方法是案例分析法和比较研究法，以网络先行国家及我国网络服务提供者刑事案件为样本，概括出其中明知认定存在的问题，提炼出明知认定的具体方法，分析比较网络先行国家和我国在法律体系、法律规定、法律理论等方面的异同，发掘我国关于网络服务提供者明知判断的本土资源，并将网络先行国家网络服务提供者明知判断标准的先进经验融入我国司法实践。

二　网络服务提供者的“明知”与类似概念的含义及其关系

（一）网络服务提供者“明知”“知道”“应知”之厘清

在法律、法规、司法解释中，单个的“明知”出现的次数最多,①“明知或者应知”的组合规定出现的次数次之,② 单个的“知道”又次之,③ 及至“知道或者有合理理由知道”只出现过一次。④

从文理解释出发,“明知”指的是明明知道,如明知故犯、明知故问。“知道”指的是晓得、认识到。“应知”中的“应”有两层含义,其一,该当、应当、应该,其二,允许,如应允。⑤ 显然,这里的“应”取第一个义项,那么“应知”也就顺理成章地被理解为“应当知道”“应该知道”。

“明知”等于“知道”,理由如下。首先,“明知”和“知道”往往在同一个法律文件中交叉使用,⑥ 两者对调也不显突兀,说明这

---

① 使用“明知”表述的有:《中华人民共和国刑法》第 287 条之二;《网络安全法》第 27 条;《互联网著作权行政保护办法》第 11 条;《最高人民法院、最高人民检察院关于办理利用互联网、移动通讯终端、声讯台制作、复制、出版、贩卖、传播淫秽电子信息刑事案件具体应用法律若干问题的解释》第 7 条;《最高人民法院、最高人民检察院关于办理利用互联网、移动通讯终端、声讯台制作、复制、出版、贩卖、传播淫秽电子信息刑事案件具体应用法律若干问题的解释(二)》第 5 条,第 8 条;《最高人民法院关于审理侵害信息网络传播权民事纠纷案件适用法律若干问题的规定》第 13 条;《最高人民法院、最高人民检察院、公安部关于办理电信网络诈骗等刑事案件适用法律若干问题的意见》第 4 条第(三)款;《最高人民法院、最高人民检察院关于办理非法利用信息网络、帮助信息网络犯罪活动等刑事案件适用法律若干问题的解释》第 11 条,第 12 条。

② 使用“明知或者应知”表述的有:《信息网络传播权保护条例》第 5、18、23 条;《互联网广告管理暂行办法》第 17、27 条;《最高人民法院关于审理侵害信息网络传播权民事纠纷案件适用法律若干问题的规定》第 7、8 条。

③ 使用“知道”表述的有:《网络安全法》第 48 条;《侵权责任法》第 36 条。

④ 《信息网络传播权保护条例》第 23 条第二款。

⑤ 《辞海》(第六版),上海辞书出版社 2016 年版,第 1316、2280、2440 页。

⑥ 《网络安全法》第 27、48 条;《信息网络传播权保护条例》第 5、18、23 条和第 22 条。

两个用语相似而非互斥。其次，“明知”比“知道”多了“明明”，“明明”指的是“显然如此”，是修饰“知道”的副词，作用在于强调“知道”的语气。① 而法律讲求理性、冷静、客观，必然会将情绪、感情、心情过滤掉，此种强调在法律眼中并无差别。最后，民法惯用“知道”，刑法惯用“明知”。② 承担民事责任需具备过错，过错包含故意和过失；承担刑事责任需具备主观罪过，主观罪过同样包含故意和过失。民法和刑法上故意的内容不尽相同，但构造是一样的，表明认识因素的“知道”与“明知”也是一样的。

“应知”等于“有合理理由知道”。北京市高级人民法院发布的《关于审理涉及网络环境下著作权纠纷案件若干问题的指导意见（一）（试行）》将网络服务提供者“有合理理由知道”解释为，因存在着明显侵权行为的事实或者情况，网络服务提供者从中应当意识到侵权行为的存在。

（二）网络服务提供者“应知”内涵之重塑

从文理解释出发，“应知”很容易被理解为“应当知道”。“应当知道”指向犯罪过失中的“应当预见”，应当预见而疏于预见充足了行为人主观上的可归责性。③ 可见，“应当知道”包含了结果预见义务。网络服务不是危险行业，此处的结果预见义务一定是对行为、结果、因果关系的具体的预见，而非抽象、笼统的危惧感、不安感。但

① 中国社会科学院语言研究所词典编辑室编：《现代汉语词典》，商务印书馆 2005 年版，第 957—958 页；《新华汉语词典》编委会编：《新华汉语词典》，商务印书馆国际有限公司 2013 年版，第 692 页；邹兵建：《“明知”未必是“故犯”——论刑法“明知”的罪过形式》，《中外法学》2015 年第 5 期。

② 从法律规定来说，《中华人民共和国民法通则》《侵权责任法》《合同法》中“知道”频频出现，而“明知”却寥寥无几，《刑法》中大量使用“明知”，没有出现过“知道”。

③ 杨明：《〈侵权责任法〉第 36 条释义及其展开》，《华东政法大学学报》2010 年第 3 期。

是，网络服务提供者是否负有具体的结果预见义务？

从法律规定来看，美国《数字千年版权法》第 512 条“与网上材料相关的责任限制”及《美国法典》第 18 篇第 2258A 条“电子通讯服务提供者及远程计算机服务提供者的报告要求”、① 德国《远程媒体法》第 7 条第（2）款、② 欧盟电子商务指令第 15 条均规定，③ 网络服务提供者不负有监控、审查网络用户发布内容的义务。我国司法实践也肯定了此种做法。④

从技术水平来看，互联网中每时每刻都有亿兆数据在流动，要求网络服务提供者对这些数据进行实时监控，必然会牺牲网络服务的质量，甚至无法正常向公众提供网络服务。⑤ 由云技术支撑的云计算和云存储或许使得对于数据的实时监控、收集、整理、分析成为可能，然而这会极大地增加网络服务提供者的人力成本和经济负担，继而导致网络服务提供者无以为继，甚至导致网络服务的萎缩和社会交往的瘫痪。⑥

显然，网络服务提供者对于网络服务实际被用于违法犯罪活动的认识不需要与违法犯罪活动的发生同步。而预见是根据事物的发展规

---

① 17 U. S. C. A. § 512(m)(1),18 U. S. C. A. § 2258A(f).

② Telemedia Act §7(2).

③ DIRECTIVE 2000/31/EC OF THE EUROPEAN PARLIAMENT AND OF THE COUNCIL of 8 June 2000 on certain legal aspects of information society services, in particular electronic commerce, in the Internal Market (Directive on electronic commerce), § 15(1).

④ 《最高人民法院关于审理侵害信息网络传播权民事纠纷案件适用法律若干问题的规定》（法释〔2012〕20 号）第 8 条；北京市高级人民法院《关于审理涉及网络环境下著作权纠纷案件若干问题的指导意见（一）（试行）》（京高法发〔2010〕166 号）第 17 点。

⑤ 皮勇：《网络服务提供者的刑事责任问题》，《光明日报》2005 年 6 月 28 日。

⑥ 陈洪兵：《论中立帮助行为的处罚边界》，《中国法学》2017 年第 1 期。

律预先料到将来，针对尚未发生的事情作出预判，具有前瞻性。① 既然网络服务提供者对于尚未出现的违法犯罪活动不负有预见义务，其“应当知道”便失去了合理性依据，将网络服务提供者的“应知”理解为“应当知道”行不通。

美国《数字千年版权法》第512条将明知分为实际明知（actual knowledge）和对于侵权活动的事实或环境的明显认识（be aware of facts or circumstances from which infringing activity is apparent）② “明知作为被告人的主观心态，对其证明要达到排除合理怀疑的程度并不容易。明知既可以通过直接证据证明，如被告人的口供，又可以通过间接证据（circumstance evidence）证明。法庭也可以用间接证据来推定明知的存在。”③ 当没有直接证据证明网络服务提供者明知用户利用信息网络实施违法犯罪行为时，为防止轻纵犯罪及保护权利人利益，可通过间接证据加以推定来完成“明知”的证明。④ 由此，“应知”相当于“对于侵权活动的事实或环境的明显认识”，是明知的客观推定，即在缺乏直接证据情况下通过间接证据来推定明知。

三　网络服务提供者明知判断标准之确立

网络先行国家对于网络服务提供者明知的判断已经形成了相对成

---

① 《辞海》（第六版），上海辞书出版社2016年版，第2332页。

② 17 U. S. C. A. § 512(c)(1)(A)(i)(ii),(d)(1)(A)(B).

③ Richard J. Grunawalt, “Constructive Knowledge Revisited”, *JAG Journal*, Vol. 24, 1970, pp. 12-13.

④ 张明楷：《如何理解和认定窝赃、销赃罪中的“明知”》，《法学评论》1997年第2期；王新：《我国刑法中“明知”的含义和认定——基于刑事立法和司法解释的分析》，《法制与社会发展》2013年第1期；徐伟：《网络服务提供者“知道”认定新诠——兼驳网络服务提供者“应知”论》，《法律科学》2014年第2期。

熟的体系，该体系通过一系列典型案例确立，体现为以下四个标准。

（一）网络服务提供者明知的概括性认识与具体性认识二分法

网络服务提供者的概括性认识指的是对用户利用网络服务实施犯罪行为的整体上的、广泛性的、一般性的认识，具体性认识指的是对于特定的、可识别的犯罪行为及行为人的认识。“概括性认识与具体性认识二分法”指的是网络服务提供者在何种情况下只需要具备概括性认识，在何种情况下必须具备具体性认识，即概括性认识与具体性认识的分界线是什么？经分析分别采取“概括性认识”与“具体性认识”标准的两类网络服务提供者案件可知，两者的分界线在于是否有诱导侵权的故意。

瑞典 Pirate Bay（海盗湾）网站运营者因“共谋违反著作权法”被判刑。被告人辩称对于起诉书中指控的通过海盗湾传播的特定著作权作品并不知情，进而缺乏犯罪故意。法院认为，被告人的故意并不需要涵盖通过其网站传播的具体的、特定的著作权作品，只要被告人导致了著作权作品存在于网站上即可。质言之，被告人故意导致构成帮助和教唆的实际环境就充足了主观罪过。① 同理，美国最高法院在 Metro-Goldwyn-Mayer Studios Inc. v. Grokster, Ltd. 案（以下简称“Grokster 案”）中指出，即便没有证据证明被告 Grokster——P2P 文件分享软件——知道具体的、特定的侵权视频，依然可以判定被告承担间接侵权责任，因为被告促进侵权的故意已经显露无遗。② 法官在本案中创制了“诱导侵权”原则（Inducement Infringement），即怀有促进侵犯著作权目的的设备提供者，通过明确的表达或者其他积极措施来促进侵权行为，要为第三方使用设备实施的侵权行为承担责

---

① [Stockholm District Court] 2009-04-17. B13301-06, p. 52.

② Metro-Goldwyn-Mayer Studios Inc. v. Grokster, Ltd., 545 U. S. 913 (2005), pp. 932-934.

任。① 这两个案件的显著特征在于网络服务提供者怀有促进侵犯著作权的目的，这种目的产生于开发网站、软件之时，贯穿于提供网站、软件服务的过程中；这种目的既体现于言辞，如公然拒绝著作权人关于删除侵权文件的请求并羞辱著作权人，② 也体现于促进侵权行为的积极措施，如提供榜单搜索功能诱导用户下载很有可能侵权的文件。③ 网络服务提供者在诱导侵权或教唆侵权主观意志的支配下，必然认识到有人会利用其网络服务实施不法行为，即自己的行为会造成危害社会的结果，缺乏对正犯者及其行为所作用的具体的对象的明知并不妨碍主观罪过的证成。

在 Viacom International, Inc. v. YouTube, Inc. 案（以下简称“YouTube 案”）中，法官认定被告 YouTube——视频分享网站——缺乏对于具体侵权行为的明知，也不存在对于侵权行为的故意无视，因而不承担责任。网络服务提供者的明知须为具体性认识，首先，从法益保护角度出发，著作权设立的目的在于保护单个作品的作者的人身权和财产权，而非保护由单个作品整合而成的“图书馆”，每一个侵权作品都应当区别对待。其次，从“通知—删除”制度出发，网络服务提供者获悉侵权行为之后需“迅速移除或者阻止访问材料”才能享受责任豁免，只有当网络服务提供者具体地知道侵权行为才能准确而迅速地移除侵权材料。最后，从审查义务角度出发，如果将明

① Metro-Goldwyn-Mayer Studios Inc. v. Grokster 125 S. Ct. 2764 (2005) pp. 2767, 2775.

② Michael Bogdan, “Cyberspace Pirates Walk the Plank Some Comments on the Swedish Judgement in the Pirate Bay Case”, *Masaryk University Journal of Law and Technology*, Vol. 4, Issue. 1, 2010, p. 115.

③ MGM Studios, Inc., 545 U. S. 948-949, Rebecca Giblin, “Physical World Assumptions and Software World Realities (and Why There Are More P2P Software Providers than Ever Before)”, *Columbia Journal of Law and the Arts*, Vol. 35, Issue. 1, 2012, p. 105.

知理解为认识到侵权活动大体上盛行、特定行业中侵权活动普遍存在、用户有发布侵权内容的倾向，等于为网络服务提供者附加了审查其用户发布的内容是否侵权的义务，这与网络服务提供者不负有审查义务的立场相违背。① 同样判理的案例还有很多。② 此类网络服务提供者保持客观中立的态度，其所提供的网络服务具有“实质性非侵权用途”,③ 只有当网络服务提供者明知具体的不法行为人和不法行为后不及时采取措施，才可能承担责任。

（二）网络服务提供者的明知是高度盖然性的认识而非一般可能性的认识

高度盖然性即高度的可能性，就可能的程度而言，高度盖然性显然要高于一般可能性。高度盖然性与一般可能性的区分并不以50%的概率为界，而是着眼于整体判断。“高度盖然性”并不指向民事诉讼的证明标准，而是实体法中明知的衡量标准之一。

东京大学研究员金子勇提供P2P文件分享软件Winny被起诉著作权违反罪的帮助犯（下文简称“Winny案”）。日本最高裁判所提出判断网络服务提供者构成著作权违反罪帮助犯的规则：（1）网络服务提供者认识并容认使用软件程序所带来的侵犯著作权的具体的、紧迫的风险时，还发布并提供软件程序，并且著作权违反罪的行为已实际发生；并且（2）根据软件程序的性质、软件程序的客观使用情形，以及提供软件的

---

① Viacom Intern.,Inc. v. YouTube,Inc.,718 F. Supp. 2d 514 (2010),676 F. 3d 19 (2012),940 F. Supp. 2d 110 (2013).

② UMG Recordings,Inc. v. Shelter Capital Partners LLC,667 F. 3d 1022 (9th Cir. 2011);Capitol Record,Inc. v. MP3tunes,LLC,821 F. Supp. 2d 627,635,2011 WL 5104616,at * 14 (S. D. N. Y. Oct. 25,2011);UMG Recordings,Inc. v. Veoh Networks,Inc. 665 F. Supp. 2d 1099,1108 (C. D. Cal. 2009);Corbis Corp. v. Amazon. com,Inc.,351 F. Supp. 2d 1090,1108 (W. D. Wash. 2004);Tiffany (NJ) Inc. v. eBay Inc.,600 F. 3d 93 (2d Cir. April 1,2010).

③ Sony Corporation of America,et al.,v. Universal City Studios,Inc.,etc.,et al. 464 U. S. 417,78 L. Ed. 2d 574.

方法，在那些获取软件程序的人之间，很多人极有可能使用软件来侵犯著作权，这种可能性高到不能作为例外被容忍，提供者在认识并容认此种高度盖然性时仍发布并提供软件。该规则将网络服务提供者的明知限定于高度盖然性，分两个阶段判断。其一，对于软件本身侵权用途的认识要达到高度盖然性，这一阶段的关键词是“具体的（specific）”“紧迫的（immediate）”，即使用该软件是否会给著作权造成现实的而非臆想的、具体的而非抽象的、紧迫的而非无关紧要的危险？Winny 软件具有数据文件交换高效性、通讯秘密性、获取便捷性，无疑满足本阶段的条件。其二，对于软件实际被用作侵权的认识也要达到高度盖然性，这一阶段的关键词是“不能作为例外被容忍（cannot be tolerated as exceptional）”，这实际上是对于网络服务被用作侵权的整体性认识，说明侵权行为已经不再是零零星星，而是呈现成片的态势。

（三）网络服务提供者明知的内容是犯罪行为而非一般违法行为

主观罪过包含认识因素和意志因素，认识因素是意志因素的先导，在“知、情、意”三位一体的主观心理构造中，作为认识因素的“知”永远是火车头、排头兵。只有在认识到特定对象、行为、主体、状态受到法律否定评价的基础上，希望、放任或者疏于防范危害结果才可能构成可罚性的行为。因而认识的内容能够区分过错与罪过的性质及其程度。网络服务提供者承担民事责任或行政责任时，其明知的内容是侵权行为或行政违法行为，而在网络服务提供者刑事责任的语境下，明知的内容必须是犯罪行为。有论者指出，“Pirate Bay 案”中的正犯是数以百万计使用网站分享文件的人，其人数太多了，而每个人所犯的罪行以及每个人本身都太微不足道，不足以起诉，因而只能对 Pirate Bay 的四名主管以促进他人侵犯版权罪的共犯论处。①

① Michael Bogdan, “Cyberspace Pirates Walk the Plank Some Comments on the Swedish Judgement in the Pirate Bay Case”, *Masaryk University Journal of Law and Technology*, Vol. 4, Issue. 1, 2010, p. 124.

笔者认为不能因为正犯行为的危害较小难以构成犯罪，而把这些危害叠加起来全部算到提供片面帮助的网络服务提供者头上。网络服务提供者构成犯罪需以明知他人实施犯罪且他人实施了犯罪行为为前提。“Pirate Bay 案”庭审阶段，控方还是需要证实至少有些海盗湾的用户实施了正犯行为，只是无须证明其具体正犯的身份罢了。①

（四）网络服务提供者明知推定的事实基础

推定指的是“依照法律规定或者经验法则，基于某一已知、确定的事实（基础事实），而推知、确定另一不明的、无直接证据予以证明的事实（推定事实）的存在”。② 推定并不能恣意而为，正如犯罪成立需要具备法定的构成要件一样，推定需要特定的事实基础。下文从一“正”一“反”两个维度来阐述网络服务提供者明知推定的事实基础。

1. 网络服务提供者明知推定的充足条件

（1）有效通知

美国《数字千年版权法》第 512 条规定，网络服务提供者要享受责任豁免，必须在获悉侵权通知后立即采取措施移除违法内容。③ 该制度被称为“通知—删除（Notice and Takedown）”规则，并在世界范围内广泛推行。④ 对于网络服务提供者而言，通知的主体不限，可以由行政主管机关发出责令整改通知，可以由权利人告知侵权行为，

---

① Brenard A. Mantel,“The Google Police: How the Indictment of the Pirate Bay Presents a New Solution to Internet Piracy”, *University of Miami Business Law Review*, Vol. 22, 2012, p. 88.

② 最高人民法院：《刑事审判参考》（2003 年第 5 辑），法律出版社 2004 年版。转引自王新《我国刑法中“明知”的含义和认定——基于刑事立法和司法解释的分析》，《法制与社会发展》2013 年第 1 期。

③ 17 U. S. C. A. § 512(c)(1)(C).

④ Nicolo Zingales(2013), Internet Intermediary Liability: Identifying Best Practices for Africa, Social Science Electronic Publishing, https://papers.ssrn.com/sol3/Papers.cfm?abstract_id=2359696.

还可以由第三人举报违法犯罪行为。有效通知必须具体、明确、有针对性、着眼于已经发生的行为,① 通知须包含被侵权作品的名称、网址链接，具体违法犯罪行为表现及网络截图，通知发出人的有效联系方式。模棱两可、含糊其辞的通知视为自始未发出。除了行政主管机关发出责令整改通知必须以纸质形式发出，其他通知完全可以通过电子形式发出，通过网络服务提供者自己公布的，或者可靠的第三方公布的网络服务提供者的联系方式发送通知，包括电子邮箱、站内信的形式。口头通知无论如何都不属于有效通知。

（2）红旗明知

美国《数字千年版权法》第 512 条中“对于侵权活动的事实或环境的明显认识”被称为“红旗明知”、“推定明知（Constructive Knowledge)”,② 即在不需要调查侵权事实的情况下，侵权事实和环境已如红旗招展、显而易见，则推定服务提供者已经认识到侵权事实。③“红旗”的判断标准是“随意一瞥（a brief and casual viewing）便能发现”。供用户下载、传播盗版文件的网站通常在网址及标题栏中使用如“盗版（pirate)”“非法录制的音像制品（bootleg)”“盗版城市（thepiratecity. org)”的表述，这些网站的非法意图显露无遗，网络服务提供者还为这些网站提供链接及向导目录服务，推定其具备明知。④ 如果网络服务提供者仅知道为某名人开设的网站上有几张此名

---

① 涂龙科:《网络内容管理义务与网络服务提供者的刑事责任》,《法学评论》2016 年第 3 期。

② Emily Zarins,“Notice Versus Knowledge Under the Digital Millennium Copyright Act's Safe Harbors”, *California Law Review*, Vol. 92, 2004, p. 261.

③ The Digital Millennium Copyright Act of 1998, Report Together with Additional Views, Senate Report, No. 105-190, p. 44.

④ United States V. Dotcom, No. 1:12CR3 (E. D. Va. Jan. 5, 2012). 美国诉金达康起诉书，案号：1：12CR3，弗吉尼亚东部地区法院，时间：2012 年 1 月 5 日。第 11 段，第 6 页。

人广为人知的照片，不足以构成“红旗”，因为网络服务提供者随意一瞥网站目录时，不能决定该照片是依然受著作权保护还是进入公共流通领域；如果该照片依然受著作权保护，那么对于照片的使用是否已经注册；如果对于照片的使用未经注册，那么它是否可根据合理使用原则被允许。由此可知，“红旗明知”绝非为网络服务提供者附加审查义务，“红旗”必须是鲜红色，深红色还不够，必须是具体的，不是概括的，且要在网络服务提供者面前招展。①

（3）故意无视

由于立法者、司法者、学者均难以给出“红旗”的具体标准，从实用性的角度出发，法院日益接受“故意无视（Willful Blindness）规则”，即当其他证据不足以证明实际明知或者红旗明知时，根据被告人对于红旗环境视而不见的证据来推定明知。② 被告人基本知悉关键事实，仍故意采取措施避免确认不法行为的高度盖然性，构成故意无视。③ 适用故意无视规则的关键在于“故意采取措施避免认识”。被告提供 Aimster——一款文件分享软件，在软件安装包中植入加密程序避免自己对用户通过其系统非法复制歌曲的认识。法庭认为，网络服务提供者使用加密技术本身并不违法，但是借加密技术避免实际明知“像鸵鸟一样，把头深深地埋在沙子里”，属于故意无视。④ 被

① Liliana Chang,“Red Flag Test for Apparent Knowledge under the DMCA Sec. 512(C) Safe Harbor”, *Cardozo Arts & Entertainment Law Journal*, Vol. 28. Issue. 1, 2010, p. 219.

② Methaya Sirichit,“Catching the Conscience an Analysis of the Knowledge Theory Under 512 c Safe Harbor and the Role of Willful Blindness in the Finding of Red Flag”, *Albany Law Journal of Science & Technology*, Vol 23, 2012, pp. 133, 145.

③ Global-Tech Appliances, 131 S. Ct. 2060, 2069-2070 (2011).

④ IN RE AIMSTER COPYRIGHT LITIGATION 334 F. 3d 643, 650 (7th Cir. 2003).

告 Gunter 开设 myVidster. com 网站，提供网上社会书签服务，① 本应移除用户上传侵权内容的链接，却告知权利人对抗侵权的最佳方式是与存储侵权内容的网站协商，防止该内容出现在 myVidster. com 网站上。法庭认为被告着眼于避免用户上传的侵权内容被公众获取，而对于侵权行为本身不管不问，与 Aimster 的运营者一样属于故意无视。②

（4）编辑选择

美国《数字千年版权法》、德国《远程媒体法》以及欧盟电子商务指令在划定网络服务提供者责任豁免的安全港时，均设定了一个前提——网络服务提供者没有对材料以及材料的接受者进行选择。如果网络服务提供者对于材料进行编辑、选择，便由中立性的服务者变为内容的共同提供者，需对内容负责任。在 Playboy Enterprises，Inc. v. Russ Hardenburgh，Inc. 案中，法院认为被告在 BBS 上刊登照片之前从事了整理、选取工作，属于明知该照片的著作权属于原告而予以刊登，不得享受责任豁免。③

2. 网络服务提供者明知推定的排除条件

明知推定的充足条件意在考察在行为人当时的情境下理性第三人是否存在认识。人的认识能力有所不同，同一个人在不同的时期的认识水平也可能会波动，单纯对明知进行正面的推定难以达到刑事诉讼证明标准之排除合理怀疑的程度，应当为被告人保留申辩的权利。当

① 社会书签服务是一种允许用户增加、补充、编辑、分享网络文件的书签的集中式的网络服务。参见 Wikipedia：Social Bookmarking，https://en.wikipedia. org/wiki/Social_bookmarking。

② Methaya Sirichit，"Catching the Conscience an Analysis of the Knowledge Theory Under 512 c Safe Harbor and the Role of Willful Blindness in the Finding of Red Flag"，*Albany Law Journal of Science & Technology*，Vol 23，2012，p. 147.

③ Playboy Enterprises，Inc. v. Russ HardenBurgh，Inc.，982 F. Supp. 503（N. D. Ohio 1997）. 宋哲：《网络服务商注意义务研究》，北京大学出版社 2014 年版，第 92 页。

权利人和第三人证明向网络服务提供者发过有效的电子通知，网络服务提供者可以提交服务器中原始数据的资料，证明自始未接收到特定信息。当网站上存在非常明显的违法内容，如明显是侮辱、诽谤的言论或者侵犯著作权的复制品，网络服务提供者可以主张用户发布的这些内容并没有直接呈现在主页上，而是隐藏在子栏目中，并不能构成“红旗”。当为淫秽、侵权等违法网站提供服务时收取的费用明显高于市场价格的，网络服务提供者可以证明自己的服务水平和服务质量要高于市场上同类网络服务提供者，并且向这些网站收取的服务费和其他服务对象一视同仁。①

四　网络服务提供者明知判断标准之本土检视

（一）我国网络服务提供者明知判断标准之理论应用

上文从网络先行国家网络服务提供者刑事案件出发，提炼出网络服务提供者明知判断标准，这些标准经过反复实践已日臻完善，对于我国网络服务提供者明知认定具有很大的借鉴意义。由于各国法律体系、法律制度、法治环境各有千秋，一概“拿来”可能“水土不服”。因而在借鉴之前需明确，我国是否已经存在着相应的理论？是否能够为上述明知的判断标准提供支撑？我国相应的理论是否存在不足之处？如何取人之长补己之短？下文根据已总结的四个明知判断标准逐个分析我国相应的理论。

1. 概括故意理论能够区分概括性认识与具体性认识

概括性认识和具体性认识的分水岭在于诱导侵权的故意。我国立法、司法并未采纳“诱导侵权”的用语，网络服务提供者诱导、鼓

① 刘科：《帮助信息网络犯罪活动罪探析——以为网络知识产权犯罪活动提供帮助的犯罪行为为视角》，《知识产权》2015 年第 12 期。

励侵权的可能承担教唆侵权责任。① 然而教唆针对的是特定的对象，而诱导无须针对特定对象，两者含义大不相同。引入概括故意的理论有助于我们理解概括性认识和具体性认识的区分。概括故意是我国刑法理论中不确定故意的一种，指的是行为人仅仅明知其行为必然会发生危害社会的结果，但是对于行为的对象、范围等具体内容并不明确，而希望或者放任危害结果发生的心理态度。② 概括故意之“概括”在于认识因素的不明确，而不是意志因素的不明确。③ 正因为有这种希望或放任危害结果发生的意志因素存在，概括故意才符合犯罪故意的基本要求，被作为犯罪故意的一种形式。网络服务提供者明知自己的软件、网站等服务本身具有实质性侵权用途而予以提供，或者具有诱导侵权的积极行为，既满足诱导侵权故意，又具备希望或者放任危害结果发生的主观意志，此时即便网络服务提供者对于用户所实施的违法犯罪行为仅具有概括性认识，也不能否认其存在犯罪故意，当然也不能否认其存在明知。

2. 全面性考察标准未能包含高度盖然性认识标准

高度盖然性认识标准源于“Winny 案”，有论者将“Winny 案”二审提出的——“当提供者推荐他人专门或主要以参与非法活动的目的使用软件时才可认定帮助犯的存在”——概括为“全面性考察”标准，将三审中的高度盖然性认识标准概括为“新全面性考察”标准。“‘全面性考察’是对网络中立帮助行为的所有受助者如何使用该帮助行为进行全面性的评价，进而得出该中立帮助行为是否构成相应的犯罪。”④ 高度盖然性与一般可能性的区分是相对的，根据违法

---

① 石岩：《“避风港”并非绝对安全》，《人民政协报》2013 年 4 月 22 日第 B04 版。

② 赵远：《论概括故意的构造与司法运用》，《法学评论》2015 年第 3 期。

③ 张永红：《概括故意研究》，《法律科学》2008 年第 1 期。

④ 刘艳红：《网络中立帮助行为可罚性的流变及批判——以德日的理论和实务为比较基准》，《法学评论》2016 年第 5 期。

犯罪行为占到整体行为的比例进行判断，因而是一种整体性的判断和全面性的考察。然而该论者所概括的全面性考察标准仅涵盖了高度盖然性标准的一方面，即对于用户使用网络服务情况的认识，但是对于网络服务本身可能被用于实施犯罪行为的认识却未涉及。

3.“犯罪”“违法”的不同规定不会冲击明知的认识内容

帮助信息网络犯罪活动罪的成立需具备“明知他人利用信息网络实施犯罪”，拒不履行信息网络安全管理义务罪的构成要件之一是“致使违法信息大量传播的”。“明知他人实施犯罪”和“明知他人传播违法信息”的区别何在，是否会冲击“网络服务提供者明知的内容是犯罪行为而非一般违法行为”的判断规则？首先，从犯罪构成和处罚依据角度而言，拒不履行信息网络安全管理义务罪的刑事可罚性在于不履行法定义务且不遵守行政主管部门的行政命令，其刑事责任具有直接性、独立性、平台性，因而不要求他人实施犯罪行为；①帮助信息网络犯罪活动罪与帮助犯关系紧密，以正犯实施符合构成要件的不法行为为前提。② 其次，从明知内容的角度而言，拒不履行信息网络安全管理义务罪会造成法律、法规、行政命令得不到遵守的直接结果以及违法信息大量传播等间接结果，而刑法对其配置的法定刑较低，此时可以将间接危害结果作为客观的超过要素，不要求行为人认识到这些危害结果，只需具备预见可能性即可；帮助信息网络犯罪活动罪中“他人实施犯罪”是法定的明知的内容。最后，从犯罪的内涵来说，“犯罪”是指不法意义上的犯罪行为，无须充足犯罪构成，但不法意义上的“犯罪”排除了“情节显著轻微危害不大”的情况，须达到科处刑罚的程度。③ 综上，网络服务提供者实施中立帮

① 于志刚：《网络空间中犯罪帮助行为的制裁体系与完善思路》，《中国法学》2016 年第 2 期。

② 张明楷：《论帮助信息网络犯罪活动罪》，《政治与法律》2016 年第 2 期。

③ 张明楷：《刑法学》（第五版），法律出版社 2016 年版，第 124—125 页。

助行为构成犯罪须以明知他人实施犯罪行为为前提。

4. “可反驳的客观推定”之确立与理解

我国司法实践归纳了网络服务提供者明知推定的事实基础，并在列举充足条件之余，以“有证据证明（被告人）确实不知道的”否定其明知，① 形成“可反驳的客观推定”。② “有证据证明（被告人）确实不知道的”应理解为：其一，否定明知的主张一定要有证据支撑；其二，结合相关证据，从客观角度及被告人的认知水平和实际情况来看，被告人确实不知道；其三，“确实不知道”的证明责任依然由控方来承担，只是该抗辩对被告人有利，被告人可以积极提出并协助控方收集、展示该证据。

（二）我国网络服务提供者明知判断标准之实务应用

快播公司、百度公司曾因侵犯影视作品著作权名列“剑网行动”十大案件榜首，分别被处罚人民币 25 万元。③ 如今，快播公司及其四名主管人员已被定罪，百度公司尚未越过法律的红线，两家公司的不同际遇正好能检验网络服务提供者明知判断标准的合理性。

1. “快播案”被告人符合网络服务提供者明知判断标准

快播公司及其主管人员（以下简称被告人）对于用户利用快播

---

① 参见《最高人民法院、最高人民检察院关于办理利用互联网、移动通讯终端、声讯台制作、复制、出版、贩卖、传播淫秽电子信息刑事案件具体应用法律若干问题的解释（二）》第 8 条；《最高人民法院关于审理侵害信息网络传播权民事纠纷案件适用法律若干问题的规定》第 9 至 13 条；《最高人民法院、最高人民检察院、公安部关于办理电信网络诈骗等刑事案件适用法律若干问题的意见》第四点第（三）款；《最高人民法院、最高人民检察院关于办理非法利用信息网络、帮助信息网络犯罪活动等刑事案件适用法律若干问题的解释》第 11 条。

② 王新：《我国刑法中“明知”的含义和认定——基于刑事立法和司法解释的分析》，《法制与社会发展》2013 年第 1 期。

③ 国家版权局版权管理司：《国家版权局 2013 年度打击侵权盗版十大案件评析》，《中国出版》2014 年第 10 期。

软件传播淫秽视频的行为存在明知，理由如下。

被告人符合第一个明知判断标准，具有概括性认识的同时具备概括故意。被告人当庭供述“快播有上亿用户，我们知道存在不良信息，肯定有用户点播不良信息”,① 这表明被告人对于他人的行为具备概括性认识。同时，被告人对缓存服务器的存储方式进行技术改造，以规避版权和淫秽视频等法律风险，等同于明知其行为必然会发生危害社会的结果，而希望或放任危害结果发生，主观上具有概括故意。

被告人符合第二个明知判断标准，经过全面性考察能够认定其存在高度盖然性认识。快播播放器及缓存服务器很容易成为犯罪行为的“帮凶”，碎片化存储使得 P2P 传输如虎添翼。从快播公司的介绍(5 秒加速，快速观影；我为人人，人人为我；全能播放，无所不播)可知，快播公司认识到自己的服务可能被用来实施违法犯罪行为的高度盖然性。经查，快播服务器视频文件中 70%均是淫秽视频，足以证明在获取软件程序的人之间，很多人极有可能使用软件来实施犯罪行为，这种可能性高到不能作为例外被容忍。有论者认为“快播案”并没有享受司法机关“全面性考察”的待遇，没有考量软件的全体利用状况,② 对此观点本书难以赞同。

被告人符合第三个明知判断标准，明知的内容是他人实施犯罪行为而非一般违法行为。快播公司的违法行为早已引起监管部门的注意，深圳网监以及南山区广电局多次向快播公司作出行政处罚决定，明确指出其“提供的视听节目含有诱导未成年人违法犯罪和渲染暴

---

① 腾讯科技：《快播涉黄案公开庭审全程文字实录》，http://tech.qq.com/a/20160108/062986.htm。

② 刘艳红：《网络中立帮助行为可罚性的流变及批判——以德日的理论和实务为比较基准》，《法学评论》2016 年第 5 期。

力、色情、赌博、恐怖活动的内容”。① 虽然这只是行政处罚，但从快播公司提供的内容的性质来看，再进一步就到了刑法的规制地界了。被告人认识到用户利用自己的服务大量传播淫秽视频就等于明知他人实施犯罪行为。

被告人符合第四个明知判断标准，满足明知推定的充足条件，且不具备排除条件或反驳事由。推定被告人明知的事实基础包含行政机关、权利人、第三人等各渠道的通知,② 被告人自己对内容进行编辑、选择,③ 为淫秽网站提供服务时收取服务费明显高于市场价格，向淫秽网站投放广告，广告点击率明显异常。

2. 百度公司运营者不符合网络服务提供者明知判断标准

百度影音下架盗版内容、打造原创正版内容后，法律风险已消除，而百度网盘又涉嫌传播淫秽物品。④ 用户先把盗版、淫秽视频上传到百度网盘中，再通过发布链接的方式传播，或者在网上商店售卖存有盗版、淫秽视频的百度网盘的账号和密码，造成了违法内容大量传播。但百度网盘对于用户利用其网络服务传播盗版、淫秽视频的行为并不存在明知，理由如下。

百度网盘不符合第一个明知判断标准，其对于他人实施的犯罪行为充其量只有概括性认识，且不具备概括故意。百度网盘采用了基于

---

① 范君：《快播案犯罪构成及相关审判问题：从技术判断行为的进路》，《中外法学》2017 年第 1 期。

② 范传贵：《“流氓快播”野蛮发展史：盗版色情是两宗原罪》，《法制日报》2014 年 9 月 9 日；汪小汉、谢睿：《外逃 110 天后，快播老总归案》，《南方都市报》，http://it. sohu. com/20140816/n403498779. shtml。

③ 袁国礼、顾梦琳：《快播被查服务器藏数万淫秽视频 年销售 1. 8 亿元》，《京华时报》，http://news. xinhuanet. com/info/2014-09/25/c_133670481. htm。

④ 罗松：《百度影音全面下架盗版内容 转型娱乐平台》，http://tech. qq. com/a/20131230/002912. htm。

MD5 Hash（哈希值）的文件特征判断技术，能够自动屏蔽违法内容，体现了反对他人利用网络服务实施犯罪行为的意志，排除了概括故意的存在。对于用户试图绕过哈希值审核的关卡上传违法内容的行为，百度网盘无法形成具体性认识。

百度网盘不符合第二个明知判断标准，其对于他人实施的不法行为不可能有高度盖然性认识，最多只是一般性可能性的认识。百度网盘本身主要用于实施合法行为，其采取的屏蔽违法内容的技术措施对于绝大多数人有效，“翻越”技术围墙的“漏网之鱼”只是极少数。不论是对软件本身侵权用途的认识还是对软件实际被用作侵权的认识，百度网盘都不具备高度盖然性的认识。

百度网盘不符合第三个明知判断标准，对他人利用网络服务实施犯罪行为缺乏清晰的认识。淫秽、暴恐等不良信息和侵权文件是百度网盘坚决抵制的内容，其在网站首页上明确表示了禁止违法内容的态度，并且通过技术措施来阻止违法内容传播，说明百度网盘对于他人利用网络服务实施犯罪行为既缺乏认识，又不存在促进的意志，虽对于他人绕过技术措施上传违法内容的一般违法行为有模糊的认识，但这远不能构成明知。

百度网盘不符合第四个明知判断标准，其不存在故意无视及其他可供推定明知的事实基础。百度网盘并不像美国同款软件 Megaupload（互联星空）那样，给同一个文件分配多个网址链接，导致违法内容屡删不绝；也不像 P2P 文件分享软件 Aimster 那样，通过加密程序来避免具体性认识，而是通过用户名和密码信息来保护用户隐私、方便其提取文档内容。

五　小结

网络服务提供者的“应知”并非指向犯罪过失中的结果预见义务，而是明知的推定。明知的推定即是明知的证明，而非证明的替代方法。网络服务提供者明知判断的四个标准中，前三个分别描述了网络服务提供者明知的不同侧面，必须全部齐备才可以认定明知，最后一个列举了网络服务提供者明知推定的事实基础，是对前三个标准的补充。在这四个标准中，高度盖然性认识标准起到主导作用：红旗明知须为具体性认识，而非概括性认识，对不法行为的认识需达到高度盖然性的程度；故意无视的成立要求知道关键事实后故意采取措施避免确认不法行为的高度盖然性；诱导侵权的情形无须认定为故意无视，直接以对软件本身侵权用途的认识达到高度盖然性认定明知即可。我国不乏网络服务提供者明知判断标准的相关理论，虽与网络先行国家的明知判断标准相比存在不周全之处，如“全面性考察说”无法涵盖高度盖然性认识标准，但这个缺陷并不克服。我国在网络服务提供者明知判断中凸显的问题是没能将相应理论转化为可供反复适用的判断标准。“快播案”控辩双方对于被告人是否存在明知各执一词，缺乏统一的话语体系，法官最终认定被告人存在明知，但未能对网络服务提供者明知判断标准进行论证，导致结论难以服众。今后需注重对网络服务提供者明知判断标准的总结、提炼、阐释和适用，确立网络服务提供者明知判断的大前提，同时吸收网络先行国家网络服务提供者明知判断标准中有益的内容来完善我国的明知判断标准，力争在网络服务提供者刑事案件中，对于明知的认定能够做到有理有据，让人心服口服。

（本章的内容曾以“网络服务提供者明知的法理学分析比较”为题发表在《天津法学》2017年第4期；本书对内容略有修改。）

后　记

本书是我主持的国家社科基金项目“打击网络犯罪国际刑事司法协助的理论与实践研究”（批准号：19BFX073）成果之一。

进入网络时代，“犯罪网络化”已经成为犯罪治理的首要难题。关于如何提高网络犯罪治理能力、提高维护信息网络安全的能力，我国目前仍然处于探索的过程当中。但不能否认的是，充分发挥网络服务提供者特别是网络平台的作用，已经成为我国刑事政策、网络综合治理体系的重要内容。在此背景下，《刑法修正案（九）》新增了若干种网络犯罪类型，也引发了学术界与实务界关于网络服务提供者刑事责任的讨论。这正是我们撰写本书的缘由。

在本丛书总主编、中国社会科学院法学研究所副所长、中国法学会网络与信息法学研究会负责人周汉华教授的指导与关怀下，本书得以出版并被纳入“网络与信息法研究丛书”之中。同时还要感谢中国社会科学出版社的许琳老师，她从本书的立项起就付出了大量心血，也提供了许多专业意见，为本书的出版贡献良多。

本书具体由我负责组织，上海市社会科学院涂龙科研究员，江西财经大学法学院杨新绿博士，中国社会科学院法学研究所博士后孙禹、郑佳参与了写作。部分内容已经以论文的形式在核心期刊上发表。本书的撰写分工如下：

绪　论：刘灿华

第一章：涂龙科

第二章：孙　禹

第三章：孙　禹

第四章：涂龙科

第五章：刘灿华

第六章：郑　佳

第七章：杨新绿

本书只是对网络服务提供者刑事责任的理论与实践问题进行了初步探索，研究时间有限，瑕疵在所难免，恳请各位读者批评指正。

刘灿华

2020年10月2日